Hatzelmann/Held
Vom Zeitmanagement zur Zeitkompetenz

Elmar Hatzelmann
Martin Held

Vom Zeitmanagement zur Zeitkompetenz

Das Übungsbuch für Berater, Trainer, Lehrer und alle, die ihre Zeitqualität erhöhen möchten

*Gewidmet allen
Zeitliebhaberinnen und Zeitliebhabern*

Das Werk und seine Teile sind urheberrechtlich geschützt.
Jede Nutzung in anderen als den gesetzlich zugelassenen Fällen
bedarf der vorherigen schriftlichen Einwilligung des Verlages.
Hinweis zu § 52a UrhG: Weder das Werk noch seine Teile dürfen
ohne eine solche Einwilligung eingescannt und in ein Netzwerk
eingestellt werden. Dies gilt auch für Intranets von Schulen
und sonstigen Bildungseinrichtungen.

Lektorat: Ingeborg Sachsenmeier

© 2010 Beltz Verlag · Weinheim und Basel
www.beltz.de
Herstellung: Nancy Püschel
Satz: Druckhaus »Thomas Müntzer«, Bad Langensalza
Druck: Beltz Druckpartner, Hemsbach
Umschlaggestaltung: glas ag, Seeheim-Jugenheim
Umschlagabbildung: © shutterstock images, Tatiana Popova
Illustrationen: Erik Liebermann, Steingaden
Printed in Germany

ISBN 978-3-407-36494-4

INHALTSVERZEICHNIS

Mehr als Zeitmanagement
Vom Zeitmanagement … 8
… zur Zeitkompetenz 9

Zeitmanagement
Planungstyp 14
Zeitmanagement-Generationen 15
Die vier Quadranten 20
Pünktlichkeit 22
Spontan flexibel planen 24

Uhrenzeit
Subjektive Minute 28
Zeit = Uhrzeit 30
Uhrenzeit-Evolution 31
Uhrenkundigkeit 35
Zeitqualitäten 38

Geschwindigkeit
Eilige Zeiten 44
Timing 50
Zeit = Geld 52
Fossil beschleunigt 55
Angemessene Eile 56

Rhythmen
Schöpferische Pause 62
Wir sind Rhythmus 64
25-Stunden-Tag 68
Zeitgeber 70

Takt	74
Pausen und Auszeiten	76
Rhythmus-Grundregeln	79

Eigenzeiten

Eigenrhythmen	84
Eigengeschwindigkeiten	89
Simultantin und Sequenzialist	91
Gegenwartstyp	96
Chronotypen	98

Naturzeit und Kulturzeit

Kalenderkundigkeit	104
Körperzeiten	108
Zeit = Vergänglichkeit	110
Zeitformen	113
Interkulturelle Zeiten	118
Zeit = Lebenszeit	121

Weitere Dimensionen der Zeitkompetenz

Zeitempathie	124
Kairos und Chronos	126
Aufmerksamkeit und Präsenz	129
Entspannung und Gelassenheit	134
Zeitenjongleurin	140
Zeitvielfalt	142

Zeitkompetenz pflegen

8-Tage-Woche	146
Zeitmanagement und Zeitkompetenz	147
Zeitkompetenz und Zeitwohlstand	150

Dank	151
Die Autoren und der Illustrator	152
Literatur	153

Mehr als Zeitmanagement

VOM ZEITMANAGEMENT …

Zeitmanagement – Planer und Ratgeber eröffnen uns die Möglichkeit, effizienter und besser organisiert mit Zeit umzugehen. Mit ausgeklügelten Methoden erhofft man sich, im Beruf und in der Freizeit, Zeit einzusparen. Zeitmanagement – dazu gibt es zwischenzeitlich eine Abfolge von Generationen, die mit unterschiedlichen Schwerpunkten operieren. Der Umgang mit Dringlichkeit und Wichtigkeit von Aufgaben findet ebenso Aufmerksamkeit wie deren Priorisierung und die Reduktion von Komplexität. So finden sich etwa im Paretoprinzip oder bei der Eisenhowerregel Ratschläge für die Aufteilung des Zeitbudgets. Sogar für den sprichwörtlichen inneren Schweinehund wird gesorgt.

In unserer Multioptionsgesellschaft erringt man langfristig keinen Erfolg, wenn man starr feste Zeitpläne aufstellt und sie fleißig abarbeitet. Vielmehr ist zunehmende Flexibilität und Offenheit angesagt. Die traditonellen Zeitplanbücher werden mehr und mehr von Smartphones (BlackBerry, iPhone, Android) ersetzt – natürlich kombiniert mit der notwendigen Synchronisierung via Push-Mail, Cloud Computing, Easy Scheduling und anderen.

Ein smarter Umgang mit diesem Zeitmanagement-Repertoire ermöglicht neue Arbeitsformen und die Nutzung der E-Potenziale – individuell sowie in internationalen Projektteams quer über Standorte und Abteilungen hinweg. Zunächst stark auf Standardisierung setzende Planungsmethoden – nach dem bekannten, leicht abgewandelten Motto *One size fits most* – werden in Richtung flexibler und individuell ausgestaltbarer Ansätze weiterentwickelt.

Zeitmanagement hat es weit gebracht – viele Anbauten und Renovierungsmaßnahmen aller Art haben die klassischen Konzepte und Methoden verbessert und verfeinert. Und dennoch: Die Klagen über Hetze, Zeitverdichtung und Zeitdruck haben eher noch zugenommen. Oft haben wir das Gefühl, nicht mit der Zeit Schritt halten zu können, nicht auf der Höhe der Zeit zu sein.

... ZUR ZEITKOMPETENZ

Die technischen Beschleunigungsmöglichkeiten und die dazu passenden Methoden des Zeitmanagements verleiten dazu, immer noch mehr in kürzerer Zeit, möglichst gleichzeitig, zu machen und in die Beschleunigungs- beziehungsweise Multitaskingfalle zu gehen. Wer in einer Spirale immer noch mehr aus der Zeit herausholen will, und sei es mit noch so subtilen Zeitmanagementmethoden, für den ist Stress und Druck vorprogrammiert. Zeit wird dabei auf den quantitativen Aspekt reduziert, sie wird als qualitätslos missverstanden. Sie soll »gespart«, komprimiert, beschleunigt, eingefroren, pausenlos genutzt und kontrolliert werden.

Manche Methoden dieses klassischen Zeitmanagements sind nützlich (s. S. 13 ff.) und dienen als Einstieg zum angemessenen Umgang mit der *quantitativen Uhrenzeit* (Zeit = Uhrzeit) und einem effizienten Umgang mit Zeit (Zeit = Geld). Das ist jedoch nur ein kleiner Teil. Zeitkompetenz heißt, die *Qualitäten der Zeit* zu kennen und praktisch umzusetzen. Dabei geht es vor allem um

- angemessene Geschwindigkeiten,
- Rhythmen von Aktivität und Ruhe,
- Eigenzeiten,
- eigene Zeiten und Zeiten anderer (Zeitempathie),
- Naturzeiten und Kulturzeiten,
- Kairos und Aufmerksamkeit/Präsenz.

> **Der Tutzinger Ansatz zur Zeitkompetenz**
>
> Die quantitativ ausgerichtete Sichtweise des Zeitmanagements geht negativ von »Zeitproblemen« aus. Der Tutzinger Ansatz zur Zeitkompetenz vollzieht einen Paradigmenwechsel: Er geht von Potenzialen aus und ist ein positiv formulierter Zugang, kompetent und souverän mit den Zeiten umgehen zu können. Das quantitative und das qualitative Verständnis von Zeit werden dabei integriert.

Somit kommt zur standardisierten Uhrenzeit und zur Ökonomie der Zeit zusätzlich Zeit = Lebenszeit und das Verständnis von Zeit = Vergänglichkeit dazu.

Eine Verbesserung der Zeitkompetenz fördert Leistungsfähigkeit, Motivation, Wohlbefinden und körperliche Gesundheit. Das Mindmap zum Tutzinger Ansatz vermittelt Ihnen einen ersten Eindruck vom Konzept.

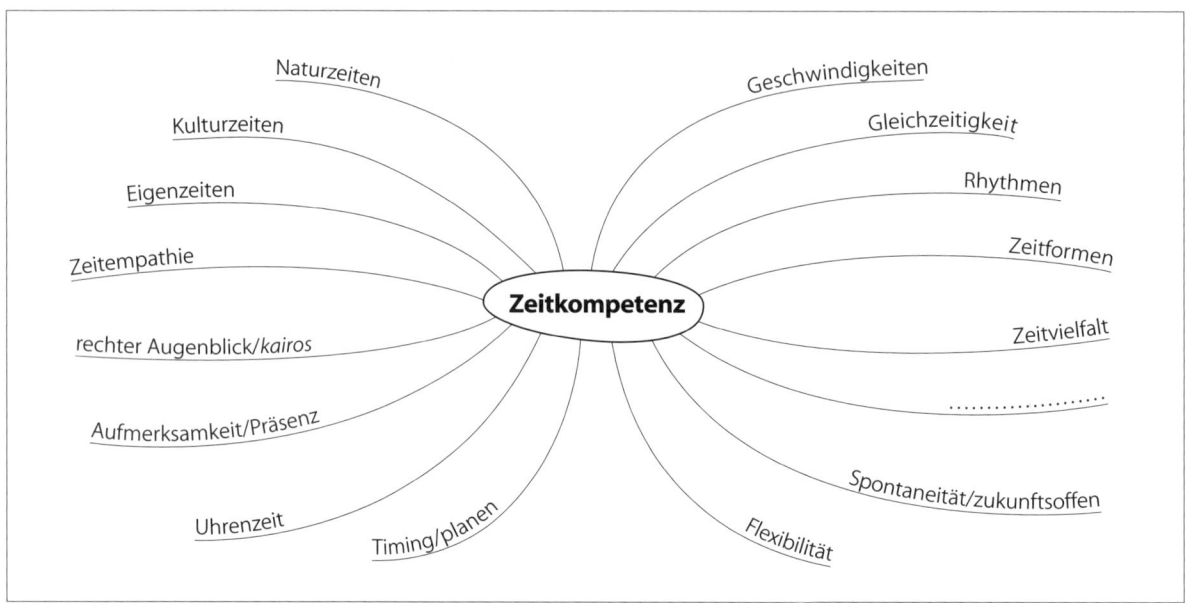

Zeitkompetenz – diese fächert sich in sehr viele, unterschiedliche Dimensionen auf. Das klassische Zeitmanagement, das vorrangig auf Planung und Priorisierung setzt, ist dabei nur ein Element (s. S. 13 ff.). Neuere Zeitmanagementansätze betonen dagegen stärker die Flexibilität (s. S. 24 ff.). Ein eingehendes Verständnis der Uhrenzeit vertieft das Verständnis der Reichweite von Zeitmanagement (s. S. 27 ff.).

Die für den Zeitkompetenzansatz charakteristische Sichtweise zeigt sich in unterschiedlichen Qualitäten von Zeit: Geschwindigkeit (s. S. 43 ff.), Rhythmen (s. S. 61 ff.), Eigenzeiten (s. S. 83 ff.) sowie Naturzeit und Kulturzeit (s. S. 103 ff.). Zeitkompetenz umfasst noch deutlich mehr Dimensionen, wie etwa Zeitempathie, Kairos/Just-in-time, Aufmerksamkeit, Konzentration und Präsenz, Entspannung und Gelassenheit, Jonglieren mit der Zeit und Zeitvielfalt (s. S. 123 ff.).

Unser Buch wendet sich an Leserinnen und Leser, die erstens eine Einführung in das Zeitmanagement suchen, um die Stärken und Grenzen des Zeitmanagements besser zu verstehen. Es ist zweitens der Einstieg in eine neue Sichtweise des Umgangs mit Zeit, die in das Tutzinger Konzept einführt. Mit den Übungen können Sie drittens diesen Ansatz praktisch trainieren und dabei alte Gewohnheiten und Einstellungen zum Umgang mit der Zeit reflektieren.

Dazu führen wir Sie in diesem Buch in die Ergebnisse der Zeitforschung unterschiedlicher Bereiche ein und ziehen daraus Schlussfolgerungen für einen kompetenten Umgang mit den Zeiten. In vielen praktischen Übungen können Sie dies dann selbst ausprobieren (die Übersicht über alle Übungen finden Sie im Internet unter www.beltz.de zusammen mit dem Inhaltsverzeichnis als Download). Wir geben Beratern, Trainern, Pädagogen, Multiplikatoren und allen, die ihre Zeitqualität erhöhen möchten, damit Anregungen und Material an die Hand.

Der Tutzinger Ansatz zur Zeitkompetenz entspricht in der Herangehensweise dem Potenzialansatz, der beispielsweise dem finnischen Schulmodell zugrunde liegt, in dem diese Vorstellung von Kompetenz den Ausgangspunkt bildet (vgl. Zentralamt für Unterrichtswesen 2004). Dabei wird nicht von den Defiziten ausgegangen, sondern auf die Stärken und Fähigkeiten fokussiert. Diese sind zu fördern und zugleich ist zu lernen, mit den jeweiligen Fähigkeiten und Schwächen umzugehen. Die Stärkung des Selbstbewusstseins der Schüler ebenso wie das Vertrauen in die Kompetenz der Lehrkräfte vermitteln eine hohe Wertschätzung. Zugleich hat der Tutzinger Ansatz zur Zeitkompetenz inhaltliche Berührungspunkte zu Konzepten wie interkulturelle Kompetenz (vgl. Hecht-El Minshawi 2008) und Führungskompetenz (zum Beispiel Reineck/Sambeth/Winklhofer 2009).

Das Buch ist für die individuelle Ebene geschrieben. Der Tutzinger Ansatz ist aber ebenso für Teams, Führung und Organisation sowie in der Schule anwendbar (vgl. Kauffeld/Grote/Frieling 2009). Beispiele für derartige Anwendungen finden sich etwa bei Klier (2007) und Sabelis (2008). Ausgewählte Literaturhinweise geben Ihnen die Möglichkeit, bestimmten Aspekten vertiefend nachzugehen.

Nicht nur der Umgang mit den Zeiten, sondern auch die Bücher dazu sollen Freude bereiten. Deshalb liegen uns die Karikaturen von Erik Liebermann besonders am Herzen.

Sie können nach der Einführung die Kapitel nacheinander lesen oder Sie können einfach in den Kapiteln schmökern, die Sie besonders interessieren.

Tipp: Unter dem Buchtitel »Vom Zeitmanagement zur Zeitkompetenz« finden Sie bei www.beltz.de ein ausführlicheres Literaturverzeichnis als Download. Auf unserer Homepage www.zeitkompetenz.de erhalten Sie zudem Tipps zu Filmen und Unterhaltungsliteratur.

Alles braucht seine Zeit. Auch das Sich-Einlassen auf Zeitbücher. Lernen Sie, die Ihnen wichtigen Zugänge zu Zeiten, Ihre persönlichen Eigenzeiten und die anderer Menschen kennen. Nehmen Sie sich die Zeit, nicht gegen die Unsicherheit und mangelnde Planbarkeit, gegen das Altern und die Vergänglichkeit anzukämpfen – denn die Zeit wird trotz aller Beschleunigung, Pausenlosigkeit und Gleichzeitigkeit nie ausreichen. Auch wenn die Woche acht Tage hätte, wie die Beatles in einem ihrer berühmten Songs sangen. Mit dem Kampf gegen die Zeit/en ist nichts gewonnen.

Eine Grundhaltung gemäß dem Motto eines Hits der Rolling Stones klingt da schon besser:

»Time is on my side«

Wir können die Rolltreppe immer noch schneller in der falschen Richtung rennen. Wir können aber auch darauf achten, welche Richtung sinnvoll ist, und uns entsprechend mit den Zeiten bewegen – wir können zeitkompetenter werden.

Zeitmanagement

PLANUNGSTYP

Wie planen Sie Ihre Zeit? Welcher Typ sind Sie? Nehmen Sie sich vor dem Lesen dieses Kapitels Zeit, um zunächst Ihren persönlichen Planungstyp näher kennenzulernen. Im Laufe des Kapitels werden Sie dazu Näheres erfahren.

Übung 1: Bin ich ein Planungstyp? *(Selbsteinschätzung)*

Nehmen Sie sich Zeit, darüber nachzudenken, welche Rolle Planung in Ihrem Leben spielt und wie Sie den Alltag planen. Kreuzen Sie Ihre Einschätzung auf der 5er-Skala an. Wenn Sie es nicht beurteilen können oder es für Sie nicht relevant ist, dann machen Sie eine Markierung ⊠ rechts von der Skala.

① **Übergreifende Einschätzung Planungstyp** |1| |2| |3| |4| |5|
　　|1| Planungstyp |3| Situativer Planer |5| Der Intuitive

② **Planungsverhalten Arbeit/Beruf** |1| |2| |3| |4| |5|
　　|1| plane vollständig |3| plane situativ |5| plane so gut wie nie

③ **Planungsverhalten Familie/Freizeit** |1| |2| |3| |4| |5|
　　|1| plane umfassend |3| plane gelegentlich |5| plane so gut wie nie

④ **Eigenantrieb und Außenvorgaben für Planung** |1| |2| |3| |4| |5|
　　|1| plane aus Eigenantrieb |3| teils/teils |5| ausschließlich Außenvorgaben

⑤ **Wertschätzung der Planung** |1| |2| |3| |4| |5|
　　|1| plane gerne |3| plane, soweit erforderlich |5| genieße unverplante Zeit

⑥ **Zufriedenheit mit eigener Planung** |1| |2| |3| |4| |5|
　　|1| völlig zufrieden |3| gelegentlich Probleme |5| sehr unzufrieden

Tipp: Siehe dazu auch die Übung 22 (S. 101 f.).

Bei Problemen/Unzufriedenheit mit der eigenen Planung: Was sind typische Situationen, in denen Sie beim Planen und der Umsetzung der Planung Probleme haben?

....

....

ZEITMANAGEMENT-GENERATIONEN

Wenn Sie zum Jahresende einen gedruckten Terminkalender oder einen elektronischen Planer suchen, haben Sie eine riesige Auswahl. Wie kam es zu diesem Angebot zur Strukturierung unserer Zeit? Covey (1994) untergliedert die Entwicklung seit den 1950er-Jahren in vier Generationen. Wie auch bei den Menschen trifft man die verschiedenen Generationen gleichzeitig an:

- *Erste Generation – Gedächtnishilfen aller Art:* Verwendet werden Notizen und Listen einschließlich der beliebten Post-it-Zettel. Unerledigtes wird für den nächsten Tag gesammelt.
- *Zweite Generation – Planung und Vorbereitung:* Jetzt werden einfache Terminkalender eingesetzt. Effizienz, Sicherheit und Terminplanung stehen im Vordergrund.
- *Dritte Generation – Planung, Prioritätensetzung und Kontrolle:* Es geht um klare Ziele und Prioritätensetzung mit differenzierten Formularen und Checklisten. Diese machen die klassischen Terminplaner zu einem großformatigen Allroundwerkzeug zeitlicher Koordination.
- *Vierte Generation – prinzipienorientierte Planung:* Diese wird ab den 1990er-Jahren von Covey eingeläutet. Darauf gehen wir im nächsten Kapitelabschnitt ein.

Diese Abfolge kann man mit einer *fünften Generation* fortführen. *Integration* ist nun das Zauberwort: Life-Balance, »Simplify your life«, persönlichkeitsorientierte Ansätze und Programme für Smartphones sollen nun helfen, die Zeit besser in den Griff zu bekommen.

Diese Ansätze werden von einer Vielzahl von Anbietern in Seminaren und Büchern vermittelt. Trotz aller Unterschiede haben sie gewisse Gemeinsamkeiten. Zuerst stand die schriftliche Form zur Optimierung der Zeitgestaltung im Mittelpunkt (Listen schreiben und abarbeiten). Ab der zweiten Generation ist eine bis ins Kleinste gehende Zeitplanung auf völlige Kontrolle der Zeit ausgerichtet. Es ist eine Terminwelt. Die Methoden werden über die Arbeits- und Berufswelt hinaus auch auf die Privatsphäre ausgedehnt. Termine mit sich selbst, mit dem Partner beziehungsweise der Partnerin sowie mit den

Kindern sind darin nichts Ungewöhnliches. Ab der dritten Generation wird die Unterscheidung zwischen Effizienz und Effektivität ein zentrales Element der Zeitorganisation.

- *Effektivität* bedeutet, die richtigen Dinge tun (Auswahl der Ziele).
- *Effizienz* bedeutet, diese Dinge richtig tun (Einsatz der Mittel).

Bei der Effizienz geht es also darum, dass Sie Ihre Lebenszeit in allen Bereichen möglichst wirkungsvoll in Bezug auf die ausgewählten Ziele einsetzen. Dabei hilft die Metapher von der Leiter: Wenn Sie die Leiter sehr zeiteffizient hinaufsteigen, jedoch an einer ungeeigneten Stelle aufgestellt haben, bleibt ihre Anstrengung, unter dem Strich gesehen, wirkungslos: Sie haben intensiv und fleißig das Falsche gemacht!

Auswahl klassischer Methoden des Zeitmanagements

Pareto-Prinzip

Dieses Prinzip geht auf Vilfredo Pareto zurück (1848–1923). Das Grundprinzip lautet: Einige wenige Ursachen führen zu den wichtigsten Wirkungen. Spezifiziert in das 80/20-Prinzip: 80 Prozent der Ergebnisse können auf 20 Prozent der Ursachen zurückgeführt werden. Daraus leitet sich Prioritätensetzung ab mit folgenden Fragen:

- Welche 20 Prozent meiner Arbeiten bringen den meisten Erfolg?
- Welche 20 Prozent der Kunden/Waren bringen 80 Prozent des Umsatzes?
- Welche 20 Prozent der Fehler verursachen 80 Prozent des Ausschusses?
- Welche 20 Prozent der Schreibtischarbeit ermöglichen 80 Prozent des Erfolgs?

Eisenhower-Modell

Diese Methode ist ein weiteres Hilfsmittel zur Priorisierung. Sie ist nach ihrem Erfinder, US-General und Präsident Dwight Eisenhower (1890–1969), benannt:

- Ausgangspunkt ist die Unterscheidung der Dimensionen Wichtigkeit und Dringlichkeit einer Aufgabe.
- Daraus ergibt sich eine Matrix mit vier Quadranten: (Q1) dringend/wichtig, (Q2) nicht dringend/wichtig, (Q3) dringend/nicht wichtig, (Q4) nicht dringend/nicht wichtig.
- Man ordnet alle zu erledigenden Aufgaben den Quadranten zu. Empfohlen wird die Reihenfolge dringend/wichtig (Q1) und dann nicht dringend/wichtig (Q2). Nicht wichtige Aufgaben sollten aufgegeben, delegiert oder vereinfacht werden.
- Covey baut auf dieser Matrix auf, setzt aber andere Schwerpunkte (s. S. 20f.).

ALPEN-Methode (Jeder Tag beeinflusst den nächsten Tag)

- **A**lle Aufgaben, Aktivitäten und Termine aufschreiben.
- **L**änge der Tätigkeiten (Zeitbedarf) schätzen.
- **P**ufferzeiten für Unvorhergesehenes einplanen; je nach Arbeitsplatz 30–50 Prozent Pufferzeit für unerwartete Aufgaben reservieren.
- **E**ntscheidungen über Prioritäten, Kürzungen und Delegationsmöglichkeiten treffen.
- **N**achkontrolle: Unerledigtes auf den nächsten Tag übertragen.

Oberstes Prinzip: Tun-Sie-es-sofort-Routine

- Sofortige Zu-ORTnung einer Aufgabe oder Erledigung! Zuordnung zum Beispiel zu Projektmappe, Hängeregistermappe, Wiedervorlage, Rücksprache.
- Auf dem Schreibtisch sollte nur das Tagesgeschäft liegen. Alles andere liegt in den dafür vorgesehenen Ablagen.

Übung 2: Der Tag fängt gut an: Was liegt im Postkorb? *(Zeitmanagement)*

Aus der Vielzahl von Übungen des Zeitmanagements wählen wir die zwischenzeitlich bereits klassisch gewordene Postkorb-Übung aus. Diese bietet eine Möglichkeit, konstruktive Hinweise über den eigenen Umgang mit Zeit im Beruf und Privatleben für die Tagesplanung zu gewinnen. Sie wird gerne in Assessment-Centern eingesetzt. Covey verwendet sie, um seine Methoden zusammenfassend zu illustrieren. Beachten Sie bitte: Bei dieser Übung (abgewandelt nach Covey 1994) gibt es weder richtig noch falsch.

Die Aufgabenstellung

Sie kommen am Montag ins Büro und folgende Themen stehen die nächsten Tage an. Hinter jeder Aufgabe steht die bislang von Ihnen eingeplante Gesamtdauer (Einheiten in Uhrenzeit). Stellen Sie für diesen Tag einen Zeitplan auf. Tragen Sie ein, welche Tätigkeiten Sie zu welcher Zeit machen würden. Sie können dabei Aufgaben weglassen oder auch die Bearbeitungszeiten verkürzen.

Beachten Sie dabei bitte: Das folgende Beispiel bezieht sich auf einen klassischen Büroarbeitsplatz. Sie können die Aufgabenstellung natürlich auch an Ihre eigene Arbeitssituation anpassen. Oder Sie können diese Übung auf den schulischen Kontext übertragen, damit die Jugendlichen ein Gefühl für das Thema »Zeitmanagement« entwickeln.

1. Mittagessen mit Ihrem Vorgesetzten (60–90 Minuten) um 12 Uhr;
2. Planungskonzept für kommendes Jahr erstellen (2–3 Tage);
3. Eingangskorb/E-Mail voll mit Post (30 Minuten);
4. Gespräch mit anderen Kollegen über den letzten Monat (4 Stunden);
5. dringende Aufgaben (Telefon, E-Mails schreiben) (1 Stunde);
6. Sie würden gerne wichtige Fachzeitschriften lesen (30 Minuten);
7. Kurzpräsentation für die nächste Woche vorbereiten (2 Stunden);
8. es gibt das Gerücht, dass bei dem Produkt Z Probleme aufgetaucht sind;
9. jemand aus der Nachbarabteilung möchte zu Projekt W zurückgerufen werden (30 Minuten) und
10. für 14 Uhr ist eine Besprechung angesetzt, aber Sie wissen nicht, worum es geht (1 Stunde).

Private Wünsche für diese Woche:
1. Tante im Krankenhaus besuchen (2 Stunden);
2. Kindergeburtstag (in 2 Tagen) vorbereiten/einkaufen (2 Stunden);
3. am Haus dringende Reparatur durchführen (2 Stunden) sowie
4. Fortbildungskurs aussuchen und anmelden (1 Stunde).

Schriftlicher Eintrag

Nehmen Sie ein DIN-A4-Blatt zur Hand und schreiben Sie die Uhrzeiten von 6 Uhr bis 22 Uhr jeweils stundenweise in eine Zeile. Anschließend tragen Sie Ihre geplante Tätigkeit neben der entsprechenden Uhrzeit ein.

Fragen
(Bitte erst lesen, wenn Sie die Übung gemacht haben!)

- Welche der Tätigkeiten gehen Ihnen auch im Beruf »auf den Wecker«? (Zum Beispiel Meetings ohne Tagesordnung)
- Ist Ihre Zeitplanung realistisch?
- Wie geht es Ihnen gefühlsmäßig, wenn Sie den Tag so planen?
- Haben Sie genügend Puffer eingebaut? (Diese Übung verführt zum Verplanen und Füllen des Terminkalenders!)
- Haben Sie Ihren Arbeitsrhythmus und Ihre Arbeitsenergie beachtet?
- Haben Sie Themen gestrichen oder auf nächsten Tag verlegt? Warum?
- Nehmen Sie Arbeit mit nach Hause?

Tipp: Machen Sie die Übung nochmals, nachdem Sie das Buch durchgelesen haben, und prüfen Sie, ob es Veränderungen in der Art gibt, wie Sie die Übung machen.

Die Erfahrungen mit den angeführten Methoden fallen unterschiedlich aus, denn wir Menschen sind verschieden, und die Art, wie wir mit Zeit umgehen und umgehen können, ist entsprechend unterschiedlich. Wir machen ständig neue Erfahrungen. Aufgaben können bezüglich der Zeitorganisation extrem unterschiedliche Anforderungen stellen (Planbarkeit, zeitliche Vorgaben/ Freiräume, Mischungsverhältnis mit längerfristigen oder größeren Aufgaben). Außerdem ändern sich die technischen Möglichkeiten, mit ihren neuen Problemen (beispielsweise Handy- oder Laptopbenutzung in Sitzungen). Zu stark standardisierte Rezepte greifen deshalb zu kurz.

Folgerungen für Zeitmanagement

- Zeitplaner und Methoden des Zeitmanagements sind wichtige Hilfsmittel für Planung und zeitliche Koordination.
- Es gibt keine besten (»optimalen«) Methoden. Finden Sie für sich heraus, was für Sie persönlich in Arbeit/Beruf und Familie/Freizeit passend ist.
- Vermeiden Sie, Zeiten mechanisch in Zeitbruchstücke (Slots wie bei Flügen) zu zerstückeln und zu fragmentieren. Sie brauchen Luft für offene Zeiten.
- Eine umfassende, rein auf die Uhrenzeit bezogene Kontrolle »der Zeit« ist nicht möglich. Das Streben danach erstickt Ihre Flexibilität, Kreativität sowie Offenheit für Neues und damit Freude am Leben (inklusive erfüllter Arbeit).

Literaturtipp: Covey, einer der führenden Vertreter dieser Richtung, gibt eine gute und kritische Übersicht über die Stärken und Schwächen der ersten drei der beschriebenen Generationen des Zeitmanagements (Covey u. a. 2001, 1. Kapitel).

DIE VIER QUADRANTEN

Covey, der in den 1990er-Jahren in den USA die Diskussion über den richtigen Umgang mit der Zeit dominierte, verwendet das Bild des Kompasses zur Kennzeichnung der von ihm vorgeschlagenen vierten Generation eines prinzipienorientierten Zeitmanagements (ausführlich Covey u. a. 2001). Statt einer strikten Terminplanung gibt nun ein Kompass mit übergeordneten Prinzipien und vier grundlegenden Bedürfnissen (physisch, mental, sozial, spirituell) die Richtung an. Zuerst verschafft man sich Klarheit über die eigenen Werte und Rollen. Dann identifiziert man die dazugehörigen Tätigkeiten. Nach dem Prinzip »First things first« trägt man diese Tätigkeiten vorrangig in den Wochenplan ein.

Die vier Quadranten aus Dringlichkeit und Wichtigkeit

	Dringend	Nicht dringend
Wichtig	**I** Schwerpunkt dritte Generation Zeitmanagement	**II** Schwerpunkt vierte Generation Zeitmanagement nach Covey
Nicht wichtig	**III** Alle Generationen Zeitmanagement: delegieren/ rationalisieren/vereinfachen/Zeitgrenzen sezten	**IV** Alle Generationen Zeitmanagement: verringern/aussortieren

Covey und seine Mitarbeiter nutzen das bekannte Eisenhower-Modell (s. S. 17), ändern aber die Regeln radikal. Nicht der erste Quadrant, sondern der *zweite Quadrant* (*wichtig, nicht dringend*) soll im Fokus stehen: Es geht bei ihnen darum, möglichst die wirklich wichtigen Dinge zu tun und nicht durch das Erledigen ausschließlich dringlicher Aufgaben davon abgehalten zu werden. Sie plädieren für eine schriftliche Zeitplanung und das Verwenden von Timern. Dabei gehen sie jedoch von der Tages- zur Wochenplanung über, da eine Tagesplanung dazu verführt, kurzfristig dringliche Aufgaben in den Vordergrund zu stellen.

Covey's Sohn, Sean Covey, übertrug die »7 Wege zur Effektivität« seines Vaters auf Jugendliche. Der Ratgeber soll jungen Menschen helfen, ihre Ziele besser zu verstehen, diese zu formulieren und entsprechend zu handeln. Dabei wird auch ihre Beziehung zu Lehrern und Eltern einbezogen (S. Covey 2007).

Covey ist nicht der Einzige, der versucht, die Stärken der bisherigen Zeitmanagementansätze zur Planung und zeitlichen Koordination weiterhin zu nutzen und zugleich die qualitative Seite der Lebensgestaltung stärker einzubeziehen. Begriffe wie Glück, Sinn, menschliche Beziehungen werden stärker gewichtet. Zum Tun kommt das Sein hinzu (so etwa Seiwert 2002a und b, 2009). Damit werden Schwächen aus der Anfangszeit des Zeitmanagements langsam, aber sicher überwunden. Beispielsweise wurde Managern früher beigebracht, alle »überflüssigen Zeiten einzusparen«. Gesundheitliche Probleme waren nicht selten die Folge, wenn jede »überflüssige« Bewegung wegrationalisiert wurde. Deshalb wurden anschließend Empfehlungen zur körperlichen Bewegung gegeben. Bei allen Weiterentwicklungen bestimmen aber immer noch Fragebögen und Checklisten das Bild.

All diese Ansätze bleiben im gleichen Paradigma. Es geht ums Optimieren (Allen 2007), Effektivieren, Einsparen oder die Nutzung der eigenen Persönlichkeit (als Beispiel etwa Ferris 2008). Es herrscht immer noch das Übertragen der Organisationsoptimierung aus der Produktion (Taylorisierung) vor, mit dem nur Menschen mit ausgeprägter Planungsorientierung zurechtkommen.

PÜNKTLICHKEIT

»Pünktlichkeit ist eine Tugend.« Hugo Grotius (1583–1645) wird diese Ergänzung des klassischen Tugendkanons zugeschrieben (nach Eriksen 2002, S. 63). Es ist kein Zufall, dass eine derartige Verhaltensmaßregel um diese Zeit auftrat. Zunächst mussten die Uhren weit verbreitet sein und die Zeit genau genug anzeigen. Erst damit waren die Voraussetzungen für Pünktlichkeit geschaffen (zur Vorgeschichte Dohrn-van Rossum 2007). Die Möglichkeit für Pünktlichkeit war in der Welt. Und sogleich wurde sie in gewissen Kreisen eine gesellschaftliche Notwendigkeit.

Diese Entwicklung ist nicht nur kulturgeschichtlich interessant, sondern in unserer mobilen Welt praktisch bedeutsam. Levine schildert in »Eine Landkarte der Zeit« (2009), wie groß die Unterschiede in der Bewertung von Pünktlichkeit und dem tatsächlichen Verhalten weltweit nach wie vor sind – trotz allgemeiner Verbreitung von Uhren und standardisierten Zeiten. Das betrifft die Genauigkeit und damit die Vorstellung, was als pünktlich und was als unpünktlich gilt. Es betrifft auch die Frage, welchen Stellenwert Pünktlichkeit überhaupt hat.

> Levine kam von dem relativ lässigen Kalifornien aus zu seiner Gastprofessur in Brasilien. Trotzdem tat er sich mit dem dortigen Verhalten sehr schwer und eckte auch selbst oft an. Er war vorgewarnt worden, dass das Zu-spät-Kommen ganz normal sei. Was er nicht erwartet hatte, war die aus seiner Sicht extreme Form. Besonders erstaunt war er darüber, dass dies nicht nur für die Anfangszeiten, sondern ebenso für das Ende der Lehrveranstaltungen galt. Viele der Studierenden waren eine halbe Stunde nach dem offiziellen Schluss immer noch da und hatten Fragen. Er hatte Probleme wegzukommen, um seine nächsten Verpflichtungen wahrnehmen zu können. Ganz anders waren dagegen die Studenten in den USA, die erwarteten, dass die Veranstaltungen auf die Minute genau endeten. Aufgrund dieser Erfahrungen befasste er sich intensiv mit den unterschiedlichen Pünktlichkeitskulturen.

Auch innerhalb der Kulturen gibt es große Unterschiede zur Pünktlichkeit. Dies betrifft die Beziehungen der Beteiligten zueinander ebenso wie die Art der Situation: In hierarchisch geprägten Betrieben ist das, was als pünktlich beziehungsweise als unpünktlich gilt und nicht mehr akzeptabel ist, je nach Status und Funktion deutlich verschieden. Bei privaten Verabredungen hängt es unter anderem davon ab, wie vertraut man miteinander ist. Ist man eher förmlich eingeladen, kann man zwar etwas zu spät kommen. Käme man aber die gleiche Zeitspanne früher, gälte dies als unhöflich. Das heißt: Nicht nur *Verspätungen*, sondern auch *Verfrühungen* können negativ besetzt sein.

Derzeit erleben wir einen Wandel der *Pünktlichkeitskultur*. Es hatte Generationen gedauert, bis Zeitdisziplin in bestimmten Ländern durchgesetzt war. Im Industriezeitalter fand das durch das Fließband seinen besonderen Ausdruck. Insbesondere jüngere Menschen haben heute ein anderes Pünktlichkeitsverständnis. Deshalb kommt der Abstimmung unterschiedlicher Altersgruppen bezüglich unterschiedlicher Pünktlichkeitskulturen besondere Bedeutung zu. Auch im Geschäftsleben kommt durch Handys/SMS und E-Mails zunehmend der Termin auf Sichtweite in Mode. Das passt zur *geforderten Flexibilität*, die aber auch zusätzlich Zeit benötigt.

> **Folgerungen für Zeitmanagement**
> - Es gibt bestimmte Zeitnormen, die prägen, was als zeitliches Verhalten angemessen und was als nicht akzeptabel gilt.
> - Trotz einer zunehmenden Standardisierung der Zeit gibt es diesbezüglich nach wie vor große Unterschiede zwischen verschiedenen Kulturen und auch innerhalb von Kulturen.
> - Am Beispiel Pünktlichkeit kann man für das persönliche Zeitmanagement lernen, dass sich zeitliche Normen stark ändern können.
> - Beobachten Sie, welche Pünktlichkeitskultur in Ihren verschiedenen Rollen vorherrscht. Kriterien hierfür sind unter anderem Status und Macht, Vertrautheit, Alter, Einfluss der Handy-Mobilitätskultur, Verbindlichkeit, Art der Terminierung.
> - Denken Sie neben der Verspätung auch an die Verfrühung.

SPONTAN FLEXIBEL PLANEN

Eine möglichst detaillierte Planung war schon immer durch Unerwartetes gefährdet und deshalb wurden frühzeitig Empfehlungen für Pufferzeiten gegeben. Das half etwas – aber nicht so richtig. Denn im Prinzip blieben in dieser Sicht Überraschungen der »Gegner«, den es zu kontrollieren und kleinzuhalten galt. Heute wird alles noch zunehmend flexibler, fluide.

Eine neue Fähigkeit ist gefragt: Eine Balance ist zu schaffen zwischen Planung und Offenheit/zeitlich flexibler Koordination. Denn Unerwartetes beinhaltet auch Chancen. Wenn wir mit Überraschungen rechnen und nicht auf die Abarbeitung von zu erledigenden Listen fixiert sind, können wir diese leichter erkennen und Probleme sowie Risiken frühzeitiger erkennen.

Es geht darum, angemessen planen zu können und weiterhin flexibel zu bleiben. In der Zeitmanagementliteratur findet sich dazu die Empfehlung zur *»geplanten Spontaneität«*.

> **»Schaffe Spontanzeit.** Erinnern Sie sich, welches Vergnügen Ihnen Schneetage als Kind bereiteten? Erwachsene sollten sich ihre eigenen Schneetage machen – eine Zeit für ungeplante, unerwartete Ereignisse. Wählen Sie sich einen Nachmittag in drei Wochen aus, schreiben Sie Ihren eigenen Namen in Ihren Terminkalender, und verlassen Sie Ihre Arbeit frühzeitig für einen ungeplanten Spaziergang. Gehen Sie, wohin immer Sie Ihre Laune treibt. Oder nehmen Sie sich einen Samstag vor und verlassen das Haus ohne ein bestimmtes Ziel.« *(Zeitschrift Utne, Januar/Februar 2003, S. 64; eigene Übersetzung)*

Das ist ein Anfang. Aber richtig spontan ist das noch nicht. Es gilt vielmehr, eine Gelegenheit beim Schopfe zu packen, wenn sich eine Idee für ein lang bearbeitetes Problem ergibt; wenn sich »plötzlich« in einem Projekt ein kritischer Moment zeigt; wenn überraschend eine Geschäftschance auftaucht. Mit dieser Einstellung kommt man von den Methoden des klassischen Zeitmanagements in Richtung Zeitkompetenz. Man kann Freiräume für *Flexibilität* erkennen und *Spontaneität* pflegen.

Zeitorganisation und Spontaneität. Der Vortrag des Trainers zum Zeitmanagement war sehr gut angekommen. In der Diskussion meldete sich ein Pfarrer einer ländlichen Gemeinde: »Ihr Vortrag hat mir viele praktische Anregungen zu meiner Zeiteinteilung gegeben. Aber was sagen Sie zu folgendem Fall, der mir persönlich passiert ist: Es läutete einmal an der Tür, und eine ältere Frau aus meiner Gemeinde stand draußen. ›Ich wollte Ihnen nur etwas von der Schlachtplatte vorbeibringen‹, sagte die Bäuerin. Nach Ihren Zeitmanagementmethoden hätte ich mich knapp und freundlich bedanken sollen, um dann wieder an der Predigt arbeiten zu können; nach dem Prinzip ›Störungen kleinhalten‹. Irgendwie kam mir aber das Verhalten der Bäuerin seltsam vor, der Zeitpunkt und ihre ganze Art. So bat ich sie herein. Im Laufe des Gesprächs erzählte sie mir, dass sie massive Probleme hätte und sie sich etwas antun wolle. So wie ich sie kannte, wäre ich vorher nie darauf gekommen.« Der Pfarrer fuhr fort: »Wie die Frau wieder gegangen war, wurde mir klar, dass sie gekommen war, um in ihrer Not ein Gespräch führen zu können. Die Schlachtplatte war nur der äußere Anlass ihres Besuchs. Wie sieht es für derartige Fälle mit Ihren Zeitplanungsmethoden aus?« *(Martin Held, erlebt bei einer Tutzinger Tagung)*

Spontaneität ist nicht planbar. Es gibt jedoch Zugänge, mit denen Sie die Fähigkeit und Offenheit für neue Situationen und Herausforderungen üben können. Das Improvisationstheater trainiert die geistige Flexibilität. Sie lernen, *spontan und kreativ auf Unvorhergesehenes zu reagieren.* Keith Johnstone (geb. 1933) entwickelte diese Methode in den 1950er-Jahren. Er lebt in Calgary und bietet weltweit Kurse an (www.keithjohnstone.com). Auch in Deutschland findet man fast in jeder größeren Stadt Improvisationstheater unter Namen wie »Fast-Food-Theater«, »Spontantheater«, »Improtheater« oder ähnlichen.

Ausgangspunkt seiner Methode ist folgendes Grundprinzip: Man spricht keinen festen, vorher abgestimmten Text, sondern erfindet spontan eine kurze Theaterszene. Johnstone entwickelte dazu eine Reihe von Übungsstücken. Zur Anregung haben wir für Sie einige Spiele ausgewählt, die Sie auch mit Ihren Schülerinnen und Schülern beziehungsweise Kursteilnehmenden durchführen können (Johnstone 1998; Vlcek 2000). Die Übungen können Sie ab zwei Personen durchführen. Je größer die Gruppe, desto lustiger und interessanter wird es.

Übung 3: Ganz schön spontan *(Improvisationstheater)*

- **Erste Improvisationsübung: »Oh ja!«**
  Alle gehen durch den Raum. Wer Lust hat, ruft: »Lasst uns doch …« und macht damit einen Verhaltensvorschlag (zum Beispiel: laut gähnen). Die anderen rufen bei jedem Vorschlag »Oh ja!« und führen die Vorgabe so lange durch, bis der nächste Vorschlag kommt.
- **Zweite Improvisationsübung: Falsche Bezeichnungen vergeben**
  Alle gehen durch den Raum. Zeigen Sie auf eine bestimmte Sache und geben Sie dieser eine falsche Bezeichnung (zum Beispiel: statt Stuhl etwa Kühlschrank; statt Lautsprecher Blumenvase).
- **Dritte Improvisationsübung: Geschichten gemeinsam erzählen**
  Eine Person beginnt eine Geschichte mit dem ersten Wort zu erzählen. Der Nächste fügt dazu ein weiteres Wort an und so fort. Ziel ist es, eine zusammenhängende Geschichte zu entwickeln.
- **Vierte Improvisationsübung: Händeschütteln einmal anders**
  Alle wandern durch den Raum, begegnen einander und begrüßen sich mit Händeschütteln. Vor jedem Händeschütteln überlegen Sie sich, wie oft Sie die Hand des anderen schütteln wollen (ein- bis fünfmal). Versuchen Sie bitte, diese Anzahl dann auch bei jedem Händeschütteln umzusetzen, unabhängig davon, wie häufig Ihr Gegenüber sich das vorgenommen hat.

Auswertung
Erste Übung: Manchmal hat man keine Lust, auf den Vorschlag zu reagieren. Wie gehen Sie damit um?
Zweite Übung: Falsche Namen zu vergeben übt die Zweigleisigkeit des Denkens. Unserer Erfahrung nach fällt dies am Anfang sehr schwer.
Dritte Übung: Hier kommt man mit Vorausdenken nicht weiter. Man lernt, die Vorgaben des Miterzählers spontan aufzunehmen.
Vierte Übung: Bei unterschiedlicher Häufigkeit des Händeschüttelns wird eine Person länger schütteln wollen. Die andere Person lernt dabei ihre eigenen Reaktionsweisen auf Unvorhergesehenes besser kennen.

Literaturtipp: Die klassischen, auf Planung zielenden Zeitmanagementmethoden werden durch neuere Entwicklungen ergänzt, in denen die Sehnsucht nach Sinn und Lebensglück mitbeachtet werden. Zum Einstieg eignet sich etwa Küstenmacher/Seiwert (2008).

Folgerungen für Zeitmanagement

- Suchen Sie individuell für sich passende Methoden wie etwa Pareto-Prinzip.
- Verschriftlichen kann – im rechten Maß – Sinn machen.
- Seien Sie vorausschauend und halten Sie sich nicht zu lange im ersten Quadranten auf.
- Balance von Planung und Flexibilität ist das A und O des Zeitmanagements. Fassen Sie Unerwartetes nicht als Störung und Gegner auf.
- Spontaneität gehört zum Leben.
- Beachten Sie, welcher Planungstyp Sie sind.

Uhrenzeit

SUBJEKTIVE MINUTE

Zeit haben, nicht gestresst zu sein – in einer Welt der vielen Möglichkeiten ist dies ein kostbares Gut. Viele Uhren verschaffen noch lange nicht mehr Zeit, egal ob sie nostalgisch-romantisch, analog oder digital sind. Immerhin kommen wir mit Uhren in unserer Alltagspraxis ganz gut zurecht. Im Unterschied zum selten gelesenen, aber häufig zitierten heiligen Augustinus: »Was also ist die Zeit? Wenn niemand mich danach fragt, weiß ich es; wenn ich es jemandem auf seine Frage hin erklären soll, weiß ich es nicht.« (Augustinus 1989, S. 314)

Ist die Uhrzeit überhaupt ein Thema, wenn es nicht um philosophische Fragen, sondern ganz praktisch um unseren persönlichen Umgang mit Zeit geht? Können wir in einem Buch zum Zeitmanagement und zur Zeitkompetenz nicht schlicht davon ausgehen, dass Sie als Leserin oder Leser kompetent sind im Umgang mit den Uhren und der Uhrzeit?

Die Antwort auf die zweite Frage scheint ganz einfach zu sein: Ja. Das Lernen der Uhrzeit gehört zur Kindheit, der Wecker zum Schüler- und später zum Berufsalltag. Es ist jedoch nicht einfach nur vergnüglich, sich auf die Geschichte der Zeitmessung, Uhren, Uhrzeit, deren Standardisierung und die Entwicklung des Zeitbewusstseins einzulassen. Es ist vielmehr eine Voraussetzung dafür, dass wir nicht nur die Uhr lesen, sondern mit den *gesellschaftlichen Prägungen der Uhrzeit* umgehen können. Nehmen Sie sich also Zeit für die Uhrzeit als einem Teil Ihrer Zeitkompetenz.

Übung 4: Meine subjektive Minute *(Beobachtung/Reflexion)*

Grundübung: Wie lange dauert für Sie eine Minute?
Für diese Übung zum subjektiven Empfinden von Uhrzeiteinheiten brauchen Sie eine Uhr mit Sekundenanzeige. Merken Sie sich zu Beginn die Zifferstellung und die Sekundenanzeige. Dann schauen Sie nicht mehr darauf. Wenn Sie glauben, dass eine Minute vergangen ist, werfen Sie wieder einen Blick auf die Uhr. Zählen Sie dabei bitte nicht mit. Diese Übung ist auch mit einem Partner möglich. Eine Person ist in diesem Fall Beobachter und schaut auf die Uhr. Danach werden die Rollen getauscht. Bei Experimenten gab es übrigens eine Bandbreite der Einschätzungen, die von etwa 15 Sekunden bis zu drei Minuten reichte.

Wenn Ihnen diese Übung gefällt, können Sie sie auf andere Situationen und Zeiten ausdehnen. Dabei können Sie erkennen, ob und wie Ihr Empfinden der Zeitdauer von dieser Übung beeinflusst wird:

- Wie ist Ihre subjektive Minute in verschiedenen beruflichen Situationen? Wird Ihr Zeitempfinden, bezogen auf eine Minute, genauer oder ungenauer, wenn Sie sehr beschäftigt sind?
- Wie ist Ihre Zeiteinschätzung in der Familie? Ist diese Einschätzung beruflichen Situationen vergleichbar oder gibt es markante Unterschiede?
- Schätzen Sie Ihr Zeitempfinden für eine Minute auch in anderen Situationen, beispielsweise im Aufzug, in der Warteschlange an der Supermarktkasse oder im Wartezimmer beim Zahnarzt.
- Haben Sie ein Gefühl für die Dauer von Werbeblöcken (zwischen drei und zehn Minuten)? Schalten Sie, auch ohne auf die Uhr oder TV-Zeitanzeige zu sehen, zum Ende der Werbung zum ursprünglichen Sender zurück?
- Sie wollen nur mal kurz chatten oder ins Facebook schauen und bleiben doch länger als gedacht. Haben Sie ein Gefühl dafür, wie viele Minuten das wirklich dauert?

Wenn Sie anschließend über diese subjektiven Erfahrungen der Zeitwahrnehmung nachdenken: Spielt für Sie diese Art der Zeiteinschätzung überhaupt eine praktische Rolle? Brauchen Sie diese in bestimmten Situationen, beispielsweise bei Terminen oder bei der Nutzung öffentlicher Verkehrsmittel? Leben Sie so mit der Uhr, dass die Zeitgenauigkeit für Sie unerheblich ist? Brauchen Sie ein derart zeitgenaues Empfinden vielleicht gar nicht?

Variation der Übung: Meine subjektiven 45 Minuten
Diese Übung zur subjektiven Abschätzung der Dauer von Einheiten der Uhrzeit können Sie auch für längere Zeitstrecken machen. Beispielsweise ist bei uns eine Schulstunde von 45 Minuten ein gängiges Maß, Gesprächstermine werden für eine Stunde angesetzt und Filme haben eine klassische Länge von 90 Minuten.

Tipp: Die Übung 5 (s. S. 34) kann direkt darauf aufbauend gemacht werden.

Wenn Sie einmal verschiedene Arten von Zeiteinheiten bewusst wahrnehmen: Wäre Ihnen eine 60 Minuten lange Schulstunde lieber? Bevorzugen Sie Filme, die die Geschichten deutlich ausführlicher ausspielen? Was für eine Zeitdauer wäre Ihrer Erfahrung nach ideal für eine Seminareinheit? Für ein Meeting? Hat sich diese Einschätzung im Laufe Ihres Lebens verändert? Empfinden Sie überhaupt so etwas wie gewisse angemessene Zeitdauer für bestimmte Aktivitäten? Oder ist ohnehin ein Gefühl der »Zeitlosigkeit« während der Aktivitäten stärker?

ZEIT = UHRZEIT

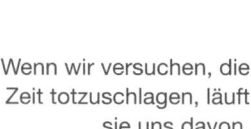

»Zeit ist die Uhrzeit« – trifft das Ihre persönliche Zeitvorstellung? Falls es so ist, befinden Sie sich in Übereinstimmung mit dem bei uns in Mitteleuropa noch immer vorherrschenden Zeitverständnis. Wenn Sie jemanden nach der Zeit fragen, erhalten Sie normalerweise die Uhrzeit als Antwort. Diese Gleichsetzung der Zeit mit der Uhrzeit ist das Ergebnis einer langen Geschichte der Zeitmessung und der darauf aufbauenden kulturellen Zeitordnung. Wie kam es dazu?

Das Streben nach immer genaueren Kalendern und Uhren war sehr erfolgreich. Diese waren und sind eine wichtige Voraussetzung für den heutigen Lebens- und Wirtschaftsstil. Es handelt sich dabei nicht einfach nur um ein Handwerkszeug und einen schlichten Messvorgang. Vielmehr wurde und wird damit unser Zeitbewusstsein bis heute grundlegend geprägt. Die gemessene Zeit, die Uhrzeit in Form der gesellschaftlich definierten Uhrenzeit wird uns selbst »zu der Zeit«:

Wenn wir versuchen, die Zeit totzuschlagen, läuft sie uns davon.

Zeit = Uhrzeit

Selbst wenn Sie, wie wir, ohne Armbanduhr leben, sind Sie in einer Uhrenwelt. Wie bei Hase und Igel ist diese (fast) immer schon da, wohin wir auch kommen. Genauer formuliert: Die allermeisten haben die Uhrzeitmessung in unterschiedlichsten Gerätschaften ständig überall bei sich. Deshalb ist der Umgang mit der Uhrzeit in unserer Gesellschaft so wichtig, um zeitkompetent zu sein.

Wenn wir uns mit dem persönlichen Umgang mit Zeit befassen, reicht diese Uhr-Zeitvorstellung nicht aus. Mit dieser eindimensionalen Zeit können wir vieles nicht erfassen, was für uns temporal von Belang ist. Die Vorstellung von »Zeit« als einer einzigen Dimension behindert uns, da dies mit der quantitativen Uhrzeit gleichgesetzt wird. Wir können damit die Qualitäten und die Vielfalt der Zeit nicht erkennen und nicht verstehen (zu den Grundlagen etwa Adam 2004, 2005).

UHRENZEIT-EVOLUTION

Uhr ist nicht gleich Uhr. Die Uhrenwelt ist vielfältig. Sie ist durch besonders markante Entwicklungen und vor allem gewisse Merkmale gekennzeichnet, die für uns nach wie vor große Bedeutung haben (Dohrn-van Rossum 2007).

Am Anfang war der *Tag*. Dieser ist für alle Kulturen dieser Welt ein grundlegendes, das Leben der Menschen von Anfang an prägendes Zeitmaß. Je nach Lage zum Äquator und dem Einfluss der Jahreszeiten ändert sich das Verhältnis vom lichten Tag zur dunklen Nacht. In der Nähe des Äquators ist der Einfluss der Jahreszeiten vergleichsweise gering. In mittleren Breiten gibt es dagegen bereits einen nennenswerten Unterschied im Rhythmus der Jahreszeiten. Die jahreszeitliche Variation bewegt sich jedoch noch in so engen Grenzen, dass etwa eine Kultur wie die jüdische auf dem Sabbat und der Woche aufbauen konnte. Bei dieser bildet der Einbruch der Abenddämmerung den Eckpunkt. Im hohen Norden hätte sich diese Zeitordnung angesichts der jahreszeitlich sehr starken Schwankungen des Einbruchs der Dämmerung kaum entwickelt.

Neben der Unterscheidung von Tag und Nacht waren in der Menschheitsgeschichte bereits seit Urzeiten Unterteilungen in kürzere Zeiteinheiten gebräuchlich: Abend- und Morgendämmerung, Aufgehen des Abend- und des Morgensterns, Sonnenhöchststand am Mittag. Die *Erfindung der Stunde* oder noch kleinerer Zeitmaße war mit diesen Vorgaben des Sonnenstandes noch nicht möglich. Dies setzte die Verwendung von Uhren voraus: so kam es zu den Uhrzeiten.

Die Stundeneinteilung der Babylonier wurde weltweit maßgeblich: Die Unterteilung des Tages in den lichten Tag und die dunkle Nacht sowie deren Aufteilung in jeweils zwölf Stunden. Die daraus resultierenden »Stunden« waren daher variabel. Im Sommer waren die zwölf Tagstunden länger als die zwölf Nachtstunden. Ab der Tag-Nacht-Gleiche zum Herbstbeginn kehrte sich das Verhältnis um.

Diese Entwicklung der Stunde war eine weitreichende Neuerung. Das Tagwerk und die zeitlichen Abläufe konnten im Tagesverlauf genauer strukturiert werden. Sonnen- und Wasseruhren, die heute nostalgisch anmutende Assoziationen hervorrufen, waren ein wichtiger Schritt zur Entwicklung einer nach abstrakten Prinzipien organisierten Welt. Zugleich war es eine Welt der

»ungeraden Stunden«, deren Dauer sich über das Jahr hinweg veränderte und von Ort zu Ort variierte. Diese Zeiteinteilung war für die Bedürfnisse des Alltags lange Zeit funktional.

Bei den Handwerkern der mittelalterlichen Städte war eine genauere Messung der Zeit nicht nur hilfreich, sondern sie entsprach auch dem Geist, wie er sich in der Entfaltung der Geldwirtschaft und der doppelten Buchführung ausdrückte. In den Klöstern war für das Nachtgebet eine vom Sonnenrhythmus unabhängige Zeitmessung vorteilhaft.

Der Durchbruch kam mit der Erfindung der Uhrwerkshemmung und der mechanischen Uhr, die sich etwa Ende des 13., Anfang des 14. Jahrhunderts datieren lässt. Aus den »ungeraden Stunden« wurden die *»geraden Stunden«*, die von den jahreszeitlichen Variationen unabhängig waren. Der technische Durchbruch der Uhrwerkshemmung wurde lange nicht in seiner Tragweite erkannt. Dagegen war die deutlich hör- und sichtbare Neuerung der Schlaguhren, Stunden schlagende Glockentürme, von Anfang an der öffentlichen Aufmerksamkeit gewiss. Dies trug zur Verbreitung und Durchsetzung der Uhren/-zeit bei. Im Englischen *o'clock* klingt das noch heute nach.

Gegen Ende des angeblich so »finsteren Mittelalters« war damit die erste moderne Maschine entstanden: die mechanische Uhr. Sie verbreitete sich im Laufe der Jahrzehnte und Jahrhunderte zunächst über ganz Europa und viel später auch über Nordamerika. Lange Zeit verlief dies parallel zu den nach wie vor wichtigen Sonnenuhren. Es kam der Minuten- und später dann der Sekundenzeiger hinzu. Öffentliche Uhren zeigten die Zeit des Herrschaftsgebiets an. Sie demonstrierten, was die Stunde geschlagen hat. Die Folgen der Verbreitung der Uhren waren weitreichend.

Die mechanische Uhr und ihre Folgen

Die Erfindung der mechanischen Uhr hatte weitreichende Folgen:

- zunehmende Abstraktion,
- Lockerung der Bindung an jahreszeitliche Rhythmen,
- zunehmende zeitliche Genauigkeit,
- »Zwilling« zu Geld und dessen Entwicklung,
- eine der Voraussetzungen für die Herausbildung moderner Wissenschaft,
- das Weltbild der Aufklärung prägend (mechanische Uhr als Bild für Schöpfung/ Gott als Uhrmacher),
- erste mechanische Maschine (lange vor Dampfmaschine),
- Warenförmigkeit der Zeit (von heiliger Zeit zur handelbaren Ressource),
- Voraussetzung zur Kontrolle der Zeiten,
- Beitrag zur Individualisierung (persönliche Uhren).

Die besondere Stellung der mechanischen Uhr als erster moderner Maschine war bis in das 19. Jahrhundert hinein im öffentlichen Bewusstsein präsent. Dann wurde sie zur kulturellen Selbstverständlichkeit. Zugleich verschränkte sich ihre weitere Entwicklung immer mehr mit den neuen Erfindungen des fossil angetriebenen Industriezeitalters: Die Eisenbahn machte es durch ihre enorme, historisch einzigartige Beschleunigung zunehmend notwendig, die bis dahin gebräuchlichen Ortszeiten zu standardisieren. Mit der Weltkonferenz über Zeitzonen, der Bestimmung des Meridians von Greenwich als Bezugspunkt der Zeitzonen und »Weltzeit«, kam diese *Standardisierung* gegen Ende des 19. Jahrhunderts zu einem vorläufigen Höhepunkt und Abschluss.

Diese neue kulturelle Zeitordnung wurde weltweit so selbstverständlich wie die Schwerkraft, obgleich es sich bei der Uhrenzeit im Gegensatz zur Schwerkraft um eine gesellschaftliche Erfindung handelt.

Im Laufe der Entwicklungsgeschichte wurden die Uhren immer genauer. 1958 wurde die bis dahin gültige unmittelbare Bindung der Definition des Uhrzeitmaßes an den Tag-Nacht-Rhythmus durch eine Definition der Sekunde abgelöst, die sich auf die Schwingungen der Elektronen des Cäsiumatoms bezieht (»Atomuhren«). Längst ist es nicht mehr einfach eine Zeitmessung und -einteilung mittels der *Uhrzeit*. Es wurde vielmehr zur allgemeinen *Uhrzeit*, die das ganze gesellschaftlich-wirtschaftliche Leben prägt. Die Uhrenzeit ist zwischenzeitlich so allgemein, dass die öffentlich sichtbare Präsenz von Uhren bereits wieder abnimmt. Wir sind nun alle individuell für die Zeiteinteilung zuständig. Die Zeitmessung und -anzeige verbreitete sich über Uhren hinausgehend auf immer mehr Geräte.

Diese kurze Geschichte der Uhren und Uhrenzeit unterstreicht nachdrücklich unseren Ausgangspunkt. Wir können diesen nun präzisieren in:

Zeit = Uhrenzeit

Folgerungen für die Zeitkompetenz
- Die Uhrenzeit ist grundlegender Bestandteil der kulturellen Zeitordnung.
- Angesichts der Durchdringung aller Lebensbereiche geht die Uhrenzeit weit über ein Hilfsmittel der Zeitmessung hinaus. Die Uhrenzeit wird von vielen tendenziell mit »der Zeit« gleichgesetzt.
- Prüfen Sie nach, wann und wo Uhrenzeit für Ihren Umgang mit den Zeiten in welcher Form angemessen ist und wann/wo Momente der Zeitvielfalt relevant sind.

Die moderne Entwicklung der Zeitmessung ermöglicht eine Präzision in Sekundenbruchteilen. Die technische Möglichkeit einer derartigen Präzision bedeutet nicht, dass damit eine Terminierung auf Sekundengenauigkeit oder gar noch kleinere Zeiteinheiten irgendeinen Sinn machen würde. Die zum Teil anzutreffende Zerstückelung von Zeiten auf Minutengenauigkeit – eine Art selbst geschaffener Slot, um einen Begriff aus der Fliegerei zu verwenden – kann sich in manchen Fällen kontraproduktiv auswirken.

Übung 5: Wie genau ist genau genug? *(Reflexion)*

Tipp: Diese Übung ist für eine angemessene Genauigkeit bei der Planung wichtig!

Aufgrund der Leistungsdichte beim Sport entscheiden oft Hundertstelsekunden über Sieg oder Niederlage. Die moderne Physik und Chemie wäre ohne eine absolut exakte Messgenauigkeit nicht denkbar. In der Finanzwelt haben sich Daytrader auf das Ausnutzen kleinster Tagesschwankungen von Kursdifferenzen (Arbitrage) spezialisiert. Wie sieht es bei Ihnen aus:

- Welchen zeitlichen Genauigkeitsanspruch haben Sie?
- Ist dieser über alle Situationen hinweg gleich, oder differenzieren Sie je nach Aufgaben und Situationen?
- Für welche Art Armbanduhr haben Sie sich entschieden: eine mit Sekundenanzeige? Welche anderen Angaben macht Ihre Uhr (zum Beispiel Zeitzonen)?
- Tragen Sie Ihre Armbanduhr immer, nur gelegentlich oder haben Sie gar keine?
- Falls Sie einen Terminkalender, ein Zeitplanbuch oder den Outlook-Kalender verwenden: In welcher Genauigkeit führen Sie diesen (5, 10, 15, 30 Minuten, Stunden)?
- Wie sieht die zeitliche Präzisierung Ihrer Zeitpläne für Treffen, Meetings im Büro, im Verein sowie zeitliche Absprachen in der Familie, bei Freunden und Verwandten aus? Gibt es Agendas im 3- bis 5-Minuten-Raster? Falls ja: Werden diese eingehalten?
- Halten Sie sich in Ihren Trainings oder in Ihrem Unterricht strikt an die Uhrzeiteinheiten? Oder nutzen Sie eine gewisse Flexibilität im Rahmen der Möglichkeiten, um situativ angemessen zu reagieren?
- Sind Sie nur bei von anderen vorgegebenen Zeitvorgaben in der Uhrenzeit genau? Oder machen Sie das unabhängig davon auch für sich allein?
- Wann macht es Ihnen Spaß, ohne Zeitraster zu leben (Open-end-Meeting, Workshop, Feierabend, Wochenende, Urlaub)?

UHRENKUNDIGKEIT

> Mädchen, zwölf Jahre alt: »In unserem Sommerurlaub ist es schön, die Zeit zu vergessen. Manchmal wünsche ich mir, dass es keine Uhren gäbe, um nicht auf die Zeit achten zu müssen.« – Mädchen, elf Jahre: »Ich denke, wir kämen ohne Zeit ganz gut hin, wenn wir nur versuchen wollten, ohne sie zu leben.« – Mädchen, zwölf Jahre: »Manchmal wünsche ich mir, dass niemand die Zeit erfunden hätte und dass alle ihre Tage gerade so verbringen würden, wie sie kommen.« *(Westlund 1998, S. 103)*

Ingrid Westlund, eine schwedische Pädagogin, ließ Kinder selbst zu Wort kommen und interessierte sich für deren Zeitverständnis. In den Kinderantworten ist der Übergang der Kinderzeiten zur Erwachsenenzeit anschaulich eingefangen: Zeit wird mit Uhrenzeit gleichgesetzt. Die Mädchen sind bereits *uhrenkundig* (*clock literate*, abgeleitet von *clock literacy*). Sie haben gelernt, die Uhrenzeit als »die Zeit« zu verstehen. Zugleich schätzen sie diese Art der Zeit noch nicht sehr und empfinden sie als einengend.

Vereinfachter Weg der Uhrzeitsozialisierung von Kindern

Äußere Zeitzwänge	Lektion 1: Lerne, die Uhr zu lesen!
	Lektion 2: Lerne, pünktlich zu sein!
Innere Zeitzwänge	Lektion 3: Unterdrücke Pläne/verschiebe Vergnügungen!
	Lektion 4: Setze (Uhren-)Zeit als gegeben voraus!
	Lektion 5: Verwende Zeit zur Ordnung des Alltags!
	Lektion 6: Wisse, dass Pünktlichkeit eine Tugend ist!
	Lektion 7: Zeit ist wertvoll! Behandle Zeit als Geld!
Begrenzung	Lektion 8: Wunsch nach mehr Zeit, um mehr erledigen zu können.

(Westlund 1998, S. 102)

Kinder leben zunächst »in anderen Zeiten«. Wann und wie sie sich ändern, ist selbst über die Zeit hinweg variabel. Möglicherweise würden Kinder vergleichbaren Alters (acht bis zwölf Jahre) heute, über 15 Jahre danach, anders reagieren. Darauf kommt es nicht an. Es gilt vielmehr zu verstehen, wie der

Übergang in die Erwachsenenzeit abläuft. Westlund schildert, dass das Lernen des Lebens nach der Uhr von den Kindern zunächst als Druck von außen wahrgenommen wird.

An den Reaktionen der Kinder, ihrem Weg der Verinnerlichung der zunächst äußerlichen Zeitkontrollen können wir verstehen: Uhrenzeit ist nicht nur ein praktisches Instrument zur Zeitmessung und Koordination, das uns Planung und Zusammenleben erleichtert. Es ist zugleich ein Kontrollinstrument. Je erfolgreicher die Erziehung zur Uhrenzeit ist, desto größer ist die Gefahr, dass sich dies verselbstständigt. Die Uhrenzeit wird zur »Zeit an sich«.

Eine Aufgabe für uns Erwachsene ist: Erleichtern wir den Kindern, die Uhrenzeit zu lernen, ohne ihre natürliche Kompetenz im Verständnis der Zeitvielfalt verkümmern zu lassen. Die andere Aufgabe ist schwierig: Durch die Uhrenzeit stark geprägte Erwachsene haben zu lernen, diese Fixierung hinter sich zu lassen. Locker zu werden und die Uhrenzeit nur dafür zu verwenden, wofür sie hilfreich ist: als *Hilfsinstrument* für Zeitmessung und zeitliche Koordination. Uhrenkundigkeit ist als Zeitkompetenz zu bewahren und man muss lernen, zugleich mit anderen Zeitformen und zeitlichen Dimensionen umgehen zu können. Die Vorrangstellung der Uhrenzeit begünstigt, sich ausschließlich auf die quantitative Seite der Zeiten auszurichten. Hierdurch werden andere Aspekte der Zeiten überlagert und nicht mehr erkannt und erlebt.

> Ein Beispiel: In den 1980er- und frühen 1990er-Jahren wurde in Betrieben das Konzept der »*Qualitäts-Zeit*« entwickelt (*quality time*). Dies war eine Reaktion auf die ausschließlich quantifizierte Zeit, was immer mehr zur Zerstückelung der Zeiteinteilung führte. Zeit für Kommunikation, Feiern und informellen Austausch wurde »eingespart«. Deshalb wurde Qualitätszeit gleichsam als eine Art »Zeitinsel« im Meer dieser nach der Uhrenzeit geprägten Zeit eingeführt. Eine Zeit mit mehr Offenheit und Freiräumen.

Eltern versuchten, dieses Konzept in der Familie anzuwenden. Sie wollten für die Kinder freie Zeiten haben. Arlie Hochschild schildert (2006), wie diese geplanten »Qualitätszeiten« jedoch mit den Kinderzeiten häufig kollidierte. Viele Kinder hatten nämlich genau zu diesen Zeiten anderes zu tun. Sie wollten Zeit mit ihren Eltern verbringen, aber nicht nach einem fix vorgegebenen Zeitplan. So konnten die Eltern von den Kindern etwas lernen: Zeiten brauchen ihre Zeit. Flexibilität innerhalb fixer Zeitpläne ist qualitativ etwas anderes als die *Offenheit* und *Elastizität* von Rhythmen und Eigenzeiten.

Übung 6: Spiel auf Zeit – Spielzeiten *(Erlebnis)*

Kinder wachsen heutzutage mit Fernsehen, Gameboy, Wii und vielem anderen elektronischen Spielzeug auf. Trotz aller Angebote können viele von ihnen noch ganz gut spielen. Sie bauen neue Welten mit Legosteinen, Sand, Erde, Puppen, Holz, Steinen, Schachteln und was sie sonst noch so finden. Oder sie erfinden kleine Szenen und Geschichten, in denen sie allein oder mit anderen aufgehen. Manchmal ist es ein Ball, ein Bach, Murmeln oder ein einfaches Kartenspiel, das sie die Zeit vergessen lässt. Das Gleiche erleben sie vielleicht auch beim Erzählen und Erfinden von Geschichten. Auch im Unterricht findet Storytelling Eingang, um den Spaß am Lernen zu erhöhen. Probieren Sie es einfach einmal aus.

Viele Erwachsene genießen es, von Zeit zu Zeit an dieser Welt teilhaben zu können. Einigen gelingt das gut, auch im Alltag. Andere brauchen dazu speziell ein Wochenende oder eine längere Urlaubsauszeit. Probieren Sie es wieder einmal aus.

Es ist, wie angedeutet, ganz einfach und schwierig zugleich, weil es für viele zwischenzeitlich ungewohnt ist. Sie sollten das nicht planen: an dem und dem Tag »Spielzeiten« mit Kindern. Nehmen Sie sich vielmehr vor, bei den nächsten Gelegenheiten einfach mitzumachen. Sich auf die Spiele der Kinder, ihre Vorschläge und ihre Art von Zeit einzulassen. So gut es geht. Genießen Sie es.

Wenn Sie dazu Lust haben, können Sie darüber nachdenken: Wann haben Sie zuletzt so gespielt? Wie haben Sie es erlebt? Konnten Sie es genießen? Oder war es eher ambivalent, da gewohnte Zeitstrukturen und Sicherheiten nicht mehr vorhanden waren? Ist es Ihnen leicht gefallen? Oder war es sehr von der Situation und den Kindern abhängig? Kann es sein, dass Sie Ihren sonstigen Zeitdruck, Ihre auf die Uhrenzeit gerichtete Zeiteinteilung mit in die Situation hineintrugen?

Literaturtipp: Wie der Einsatz von Storytelling im Training oder im Unterricht gelingen kann, zeigen Sandra Masemann und Barbara Messer in ihrem Buch »Improvisation und Storytelling in Training und Unterricht« (2009).

ZEITQUALITÄTEN

Zeiten haben unabhängig von den gemessenen Zeiten unterschiedliche Qualitäten. So sind etwa die zeitlichen Abfolgen grundlegend: vorher – gleichzeitig – nachher; vergangen – gegenwärtig – zukünftig.

Wir haben uns in der Uhrenzeitwelt daran gewöhnt, die mit der Uhr gemessenen Zeiten als »objektiv« und das Zeitempfinden als »subjektiv« zu kennzeichnen. Das wird typischerweise so verstanden, dass die Uhrenzeiten objektiv und qualitätslos sind. *Zeitqualitäten* sind in diesem Verständnis etwas weniger Objektives und für die Zeiten »irgendwie« weniger Wichtiges. Dies ist nicht richtig.

> Ein Beispiel: Die Erde dreht sich an einem Tag um die eigene Achse. Nonstop. Evolutionsbedingt ist in uns Menschen eine Korrektur im Empfinden angelegt, sodass diese Geschwindigkeit der Erddrehung im Unterbewusstsein herausgefiltert wird. Diese für uns Menschen äußerst vorteilhafte Tatsache ist ebenso »objektiv« wie mit Uhren gemessene Geschwindigkeiten und Zeiteinheiten.

Das Zeitempfinden ist sehr vielfältig. Das subjektive Zeitempfinden des im Folgenden zitierten Piloten ist dafür ein anschauliches Beispiel. In einer derartigen Situation laufen viel mehr und intensivere Prozesse der Erinnerns, Erlebens, Befürchtens oder Hoffens ab als in anderen Momenten vergleichbarer Dauer. Dies ist für unser Zeitbewusstsein und unseren Umgang mit Zeiten ebenso relevant wie die in Uhrenzeit gemessenen Einheiten.

> **Eine Sekunde im Leben.** Auf einer Tutzinger Tagung erzählte ein Testpilot eine für sein Leben existenzielle Episode. Er war als Starfighter-Pilot mit seiner Maschine abgestürzt: »Im Moment des Absturzes dachte ich noch im Starten des Schleudersitzes, dass die Schulungen für diesen Notfall nicht richtig sein konnten. Dort hieß es, dass sich das alles in etwa einer Sekunde abspielen würde. Mir kam das in diesem Moment jedoch wie ›eine halbe Ewigkeit‹ vor. Nach meiner Rettung wurde mir erzählt, dass es in der Tat nur etwa eine Sekunde gedauert hatte, bis der Schleudersitzmechanismus ausgelöst war und der Sitz von der Maschine abgesprengt wurde.«

> **Wichtige Unterscheidungen zu Zeiten**
>
> - **Zeiten:** Dauer und Wandel, Zeitpunkt, zeitliche Abfolge, Synchronisation, Desynchronisation, Timing, Rhythmus, Geschwindigkeit.
> - **Zeitformen:** Anfang, Abschluss, Übergang, Pause, Wartezeit.
> - **Zeitmessung und Zeitanzeige:** Zeitskalen (Jahr, Monat, Woche, Tag, Stunde, Sekunde; Jahrmillionen; Nanosekunden); Instrumente (Uhren, Kalender; Anbindung an Naturzeiten – Lösung: Abstraktion); Genauigkeitsgrad; Standardisierungsgrad; relative und absolute Maße; qualitative Momente (besondere Tage, zum Beispiel Feiertage, besondere Stunden) und rein quantitative Aspekte; abstrakte Zeit und einmalige Zeit in der geschichtlichen Zeit.
> - **Richtung:** Zeitpfeil, zyklische Prozesse; gedankliche Umkehrung.
> - **Zeitempfindungen inklusive Kognition:** Zeitempfindungen, -interpretationen, -wahrnehmungen; etwa Erinnerungen an Vergangenes, Erleben von Gegenwärtigem, Erwartungen an Zukünftiges, Überraschungen, Erleben von Geschwindigkeit und von Ruhe.
> - **Zeitnormen:** Kulturell beeinflusste Bewertung von Zeitumgangsformen, etwa pünktlich oder unpünktlich, Grad der Neuigkeit, Aktualität (»news«), Rekord, Geschwindigkeit, Pausen.
> - **Umgang mit den Zeiten:** Verhalten in der Zeit; bezieht sich auf alle Zeitaspekte; unter anderem durch Zeitempfindungen und Zeitnormen beeinflusst.

Laut Untersuchungen schauen wir pro Tag im Durchschnitt über 50-mal auf unsere Uhrenanzeiger am Armband, Handy oder anderen Geräten. Teils aus Gewohnheit, teils aufgrund äußerer Vorgaben und Zeitzwängen (»Pünktlichkeit ist eine Zier« und ähnliche Vorgaben). Manche Menschen klagen darüber, dass diese »Zeitanzeiger« wie ein Messer ihre Zeit zerstückeln oder wie ein Damoklesschwert über ihnen schweben. Folgende Übung vermittelt Ihnen ein Gefühl dafür, in welchem Maß Sie von der Uhrzeit abhängen. Zugleich können Sie üben, mit und ohne Uhrzeit zu leben und damit Ihre Uhrzeitkompetenz verbessern. Diese Übung können Sie in der Schule oder in Trainings ebenfalls durchführen.

Übung 7: Leben ohne Zeit-Messer *(Wahrnehmung)*

Legen Sie für einen Tag oder für eine Woche Ihre Armbanduhr ab. Versuchen Sie, ganz ohne Zeitanzeigen zu leben (PC, Fernsehen, Radio, Handy-Uhr). Falls Sie sehr stark von der Uhrzeit abhängen, empfiehlt sich ein Einstieg mit kleineren Zeiteinheiten. Notieren Sie Ihre Erfahrungen regelmäßig in dieser Zeit in einem Tagebuch. Die Einträge bitte unbedingt mit Datum versehen. Für Ihre Auswertung beziehungsweise die der Teilnehmenden könnten unter anderem folgende Fragen von Interesse sein:

- Haben Sie die Uhr vermisst, oder merkten Sie, dass die Uhr für Sie persönlich gar nicht so wichtig ist?
- Unterscheiden Sie verschiedene Situationen und Aufgaben: Wann war es eher schwierig, ohne Uhrzeit zu leben? Wann eher vorteilhaft? Wann eher angenehm?
- Konnten Sie sich zeitlich ohne Uhrzeit gut orientieren (natürlicher Tagesgang, Verhalten der Menschen)? Oder waren Sie ohne Uhrzeit zeitlich desorientiert?
- Konnten Sie in dieser Zeit produktiv tätig sein?
- Wie ging es Ihnen im Zusammenleben mit anderen Menschen und der erforderlichen Koordination?
- Haben Sie im Laufe der Woche beziehungsweise im Nachhinein Veränderungen in Ihrem Lebensgefühl festgestellt?
- Wäre es sinnvoll, das zur Gewohnheit werden zu lassen und zu bestimmten Zeiten ohne Uhr zu leben?

Tipp: Diese Übung können Sie mit der Übung »Wecker-Los« ergänzen, die Sie in Hatzelmann/Held (2005, S. 171 ff.) finden.

Wenn Ihnen diese Übung während Ihrer Arbeitstätigkeit Schwierigkeiten macht, können Sie sie auch an einem Wochenende oder in der Urlaubszeit ausprobieren. Sie können diese Übung zum Beispiel Ihre Schüler während der Ferien ausprobieren lassen und danach über die Erfahrungen sprechen.

Folgerungen für die Zeitkompetenz

- Uhrenkundigkeit ist eine kulturelle Selbstverständlichkeit, bedeutet aber auch Kontrolle. Achten Sie auf Ihre temporalen Freiheitsgrade.
- Sie dient zum Planen und Organisieren. Überprüfen Sie, welcher Grad von Präzision für Sie in welchen Situationen angemessen ist (Abschied von der Zerstückelung).
- Verwenden Sie die Übungen mit der Uhrenzeit als Einstieg zur Verbesserung Ihres Zeitgefühls.

Übung 8: Takt-Volle Gesprächsrunde *(Experiment)*

Mit dieser Übung können Sie Ihre persönliche Wahrnehmung von Uhrenzeiteinheiten kennenlernen. Sie baut auf Arbeiten von Albert Mayr auf (Workshop-Reihe »Zeitdesign«, Florenz 1992). Sie benötigen dafür eine Gruppe von 6–16 Teilnehmern. Im Mittelpunkt steht die bewusste Wahrnehmung der Auswirkung von Pausen sowie veränderter Reihenfolge und Rhythmen auf das persönliche Zeitempfinden. Mayr setzt die Uhrzeit so ein, dass Sie diese zu Ihren subjektiven Empfindungen der Zeiten (Zeitdauer, Reihenfolge) ins Verhältnis setzen können. Die Übungen mögen Ihnen einfach und wenig spektakulär erscheinen. Nach unserer Erfahrung führen sie bei vielen zu tief wirkenden Erfahrungen und langen Diskussionen.

Grundübung

Jeder Teilnehmer hat 45 Sekunden Zeit, in der Gruppe über ein ausgewähltes Thema zu sprechen. Der Übungsleiter unterbricht jeweils exakt im 45-Sekunden-Takt und erteilt dem nächsten Teilnehmer das Wort. Die Reihenfolge wird zuvor von den Teilnehmern selbst festgelegt und auf einem Flipchart eingetragen. Anschließend werden die Erfahrungen diskutiert. Dazu einige Fragen als Anregung:

- Wie erlebten Sie die Zeitdauer der 45-Sekunden-Einheiten?
- War dies anders, als Sie selbst an der Reihe waren, oder spielte es keine Rolle?
- Erlebten Sie diese Einheiten unterschiedlich lange? Wovon, meinen Sie, hing dies ab? Etwa weil Einheiten unterschiedlich intensiv, interessant oder emotional-persönlich bewegend waren?
- Wie erlebten Sie die Zeitvorgabe durch die Uhr? Löste das bei Ihnen ein Gefühl von Zeitdruck aus, als Sie an der Reihe waren? Oder auch dann, wenn andere Teilnehmer dran waren?
- Wie empfanden Sie die fest vorgegebene 45-Sekunden-Einheit? Als angenehm, gewohnt, unterbrechend, starr und nicht genügend flexibel?

Pausenübung

Jeder Teilnehmer hat wiederum 45 Sekunden Zeit zur Verfügung. Sie haben währenddessen jedoch eine Pause von 15 Sekunden zu machen. Diese kann am Anfang, in der Mitte oder am Ende dieser Einheit liegen. Halten Sie vorher schriftlich (Flipchart oder Tafel) fest, wann die Teilnehmer diese 15 Sekunden Pause nehmen möchten. Damit wird zu Beginn der Übung für alle anderen erkennbar die Lage der 15-Sekunden-Pause festgelegt. Bei der anschließenden Diskussion der Eindrücke in der Gruppe oder Klasse werden insbesondere auch die Unterschiede zur Grundübung einbezogen: Wie lang erlebten Sie die 45 Sekunden dieses Mal? Wie erlebten Sie die Pause und die Stille? Welche Bedeutung hatte für Sie die Reihenfolge der Pause? Hatten Sie sich vorher eine bestimmte Strategie überlegt? Wie nahmen Sie die anderen Gruppenteilnehmer wahr? Änderte sich durch den Austausch der Erfahrungen im Gruppengespräch etwas bezüglich Ihrer eigenen Zeitwahrnehmung und Erlebnisqualität?

Variationen: In einer Variation kann beispielsweise eine Unterteilung in 15 Sekunden vorgenommen werden. Dabei wechseln sich zwei Personen ab. In einer anderen Variation nehmen zwei Teilnehmer ihre gesamte Zeit (1:30) und teilen sie nach selbst bestimmten Regeln auf.

Geschwindigkeit

EILIGE ZEITEN

> »Jeden Morgen wacht in Afrika eine Gazelle auf. Sie weiß, sie muss schneller laufen als der schnellste Löwe, um nicht gefressen zu werden.
> Jeden Morgen wacht ein Löwe auf. Er weiß, er muss schneller als die langsamste Gazelle sein, sonst würde er verhungern.
> Es ist egal, ob du ein Löwe oder eine Gazelle bist: Wenn die Sonne aufgeht, musst du rennen!«

Rennen! Immer nur rennen! Dies bringt die vorherrschende Grundstimmung auf den Punkt. Um mithalten zu können, müssen wir schnell sein. Möglichst schnell. Permanent schnell. Wer auf der Stelle bleibt, fällt zurück. Zugleich schwingt die vielfach anzutreffende, negativ getönte Erfahrung mit: Eile, Hetze, Hast, Hektik, Zeitdruck.

> Unter der Überschrift »Zeitoptimierte Prozesse« war die Gazellengeschichte in den 1990er-Jahren das Eingangschart des entsprechenden Programms eines führenden deutschen Technologiekonzerns. Unter dem Motto »*Time Optimized Processes* – TOP!« ersetzte der Slogan »Die Schnellen fressen die Langsamen« in kurzer Zeit das Motto »Die Großen fressen die Kleinen«.

Fundstück: »Be fast or be food. Es gibt keine Starken oder Schwachen. Nur Schnelle und Langsame.« (Motto in einem Stellenangebot der Firma Fibernet Europe)

Ist für den Erwerb der Zeitkompetenz Speed-Training angesagt, damit Sie in der Hochgeschwindigkeitsgesellschaft besser mithalten können?

Nehmen Sie sich in Ihrem eigenen Tempo Zeit für Geschwindigkeit. Denn es gibt Situationen, in denen es darauf ankommt, Geschwindigkeiten gut abschätzen zu können, zum Beispiel im Straßenverkehr. Auch in vielen beruflichen Aufgaben ist es entscheidend, abschätzen zu können, in welchem Tempo Abläufe möglich sind, um entsprechend zu planen, Zeiten abzustimmen, Nachschub zu organisieren und so weiter. Wie gut sind Sie im Schätzen von Geschwindigkeiten in unterschiedlichen Situationen?

Übung 9: Schätzen Sie Geschwindigkeiten!
(Beobachtung/Reflexion)

Nehmen Sie sich einen Ihnen noch nicht bekannten Fußweg vor. Gehen Sie diese Strecke und versuchen Sie ohne Hilfsmittel wie Uhr, Karte oder Wegweiser, Ihre Geschwindigkeit abzuschätzen. Bei längeren Strecken können Sie auch das Fahrrad benutzen.

Lassen Sie durch einen Beobachter die entsprechenden Angaben festhalten, sodass Sie im Nachhinein die tatsächliche Geschwindigkeit abklären können.

Nach einigen derartigen Durchgängen spüren Sie nach, woran es liegt, wenn Ihr subjektives Geschwindigkeitserleben sich von den tatsächlichen Geschwindigkeiten stark unterscheidet. Fragen Sie sich:

- Geht es mir beim Abschätzen der Geschwindigkeit von Arbeitstätigkeiten ähnlich?
- Wovon ist dies abhängig (Vertrautheit mit Situation, Zeitdruck, Kontrollierbarkeit)?
- Täusche ich mich regelmäßig im Zeitbedarf?

Und wieder ist eine lange und spannende Geschichte kurz zu machen (mehr dazu in Borscheid 2004; Stapferhaus 2009). In der ersten Hälfte des 19. Jahrhunderts gelang in Europa ein Durchbruch, ein qualitativer Sprung bei den technisch erreichbaren Geschwindigkeiten. Mit der Erfindung der Eisenbahn wurden weite Räume erschließbar und große Märkte konnten entstehen. Zunächst noch gemächlich, in Zeiträumen von Generationen und Jahrzehnten, dann in immer kürzerer Zeit, wurden weitere Beschleunigungstechniken erfunden (s. unten). Diese verbreiteten sich in den sich industrialisierenden Staaten in *alle Lebensbereiche* und – zeitlich versetzt – über *alle Teile der Welt*.

Die einzelnen Beschleunigungstechniken veränderten die Wirtschaft und die Gesellschaft. Noch weitreichendere Folgen hatte deren *Zusammenwirken und Vernetzung*. Nicht nur einige Vielbeschäftigte haben einen eiligen Lebensstil. Immer mehr wurde dieser gesellschaftlich mit Prestige aufgeladen und zum Statussymbol. Wer Zeit zum Schlendern hat, ist in dieser Sicht kein genießender Mensch: Vermutlich hat er nur zu wenig zu tun (zur gesellschaftlichen Bedeutung der Beschleunigung Rosa 2005).

Kleine Auswahl der Beschleunigungstechniken

- **Physischer Verkehr:** Eisenbahn, Dampfschiff, Fahrrad, Automobil, Flugzeug, Steighilfen (beispielsweise Gebäudelift, Seilbahn), Rakete.
- **Information und Medien:** Buchdruck (früher Vorläufer); Zeitung, Tele-, Phono-, Fotografie, Telefon, Radio, Film, TV, Internet, E-Mail, Handy.

> - **Alle Lebensbereiche und Wirtschaftssektoren:** Maschinen und Maschinenstraßen aller Art (zum Beispiel Druckmaschinen), Ernährungszubereitung (industriell vorgefertigte Mahlzeiten, Mikrowelle), Haushaltsgeräte aller Art (Waschmaschine und andere Geräte), Sportgeräte, Zigarette statt Zigarre.
> - **Zusammenwachsen der Beschleuniger:** Vernetzung und Mobil-Werden der Geräte (Beispiel: Telefon → Handy, PC – Internet → Laptop), Videokonferenzen, Skype, Fernmessung, Fernwirkung, Telebanking und so weiter.
> - **Natur:** Flussbegradigungen, Brücken, Züchtung von Nutztieren und -pflanzen, Wachstumshormone.

Nicht zu vergessen: die *Beschleunigung der Beschleunigung*. Die Verbreitung der Eisenbahn, der Telegrafie und des Telefons dauerte Jahrzehnte. Die Ausbreitung von Mobiltelefonen war dagegen eine Sache von nur wenigen Jahren.

Diese ungebrochene Dynamik verursacht bei vielen Menschen das Gefühl, der Zeit hinterherzurennen. »Nahezu alles wird schneller.« Alles? Nein: Nur manches beschleunigt sich. Die Erde dreht sich wie eh und je (in geologischen Zeitskalen betrachtet sogar langsamer werdend). Häufig erzeugt Beschleunigung geradezu Verlangsamung. Stauerfahrene Zeitgenossen können das nachfühlen. In den Informationsfluten der Internetwelt nach Auswahlkriterien suchende Zeitgenossen ebenso. Versuche, einen dringend benötigten Handwerker zu bestellen, führen nicht selten in die zeitlos beständige Welt der Telefonschleifen.

Beschleunigung erzeugt darüber hinaus Gegenströmungen (vgl. Honoré 2004; Reheis 2003, 2008). Denn bei zunehmender Geschwindigkeit bleibt vielfach Qualität auf der Strecke.

> Ein Beispiel: Beliebt ist etwa die »Slow-Food-Bewegung«. Ihr liegt die Erfahrung von Essensgenuss und Esskultur zu Grunde. Diese braucht ihre Zeit. Wenn wir uns diese nicht mehr nehmen, können wir zwar, physiologisch betrachtet, eine bestimmte Kalorienzahl einnehmen, der Genuss und die soziale Komponente der Mahlzeiten gehen dabei aber verloren.

Technische Beschleunigungspotenziale haben ihren Charme und ihre Vorteile. Aber im *Übermaß* genutzt kann es stressig werden (Hatzelmann 2006; zu den rechten Zeitmaßen Held/Geißler 2000).

In *manchen Situationen macht Schnelligkeit Spaß* und fördert Lebensfreude. Sie kann etwa dazu dienen, die eigene Leistungsfähigkeit auszuloten. (Nicht nur) junge Menschen können sich daran messen und reifen. Dazu einige Anregungen für Ihren persönlichen Zugang.

Übung 10: Schnelligkeit macht Spaß *(Bewegung)*

Welche Sportarten machen Ihnen am meisten Spaß? Hat das unter anderem mit der Geschwindigkeit dieser Sportart zu tun? Was sind die Unterschiede zwischen Squash und Golf, Baseball und Cricket? Entdecken Sie Ihre persönlichen Geschwindigkeiten:

- Beobachten Sie Ihre normale Gehgeschwindigkeit in unterschiedlichen Situationen: bei der Arbeit, in der Schule, bei Trainings, bei der Suche nach Unterlagen, auf dem Weg zu einer Besprechung oder nach einer Pause zum Unterricht, beim Einkaufen, Bummeln oder Spazierengehen.
- Übertragen Sie Ihre Gehgeschwindigkeit von einer Situation auf die andere? Viele übernehmen ihre hohe Geschwindigkeit im Berufsleben beziehungsweise in der Schule auf dem Weg zur Klasse in die Freizeit. Das kann dazu führen, dass man im Supermarkt den Einkauf eilig zusammenrafft, obwohl man reichlich Zeit hätte.
- Werden Sie schneller oder langsamer, wenn Sie mehrere Dinge gleichzeitig machen (zum Beispiel Zuhören und Essen, Telefonieren und PC-Eingabe)?

Auch Tanzen ist eine wunderbare Möglichkeit, die Wirkung von Geschwindigkeit auf Körper und Geist zu entdecken: Welches ist Ihr Lieblingstanz? Bevorzugen Sie mehr schnelle Tanzarten (Rock'n Roll) oder mehr langsame (Blues)? Oder hat jede etwas für sich? Erleben Sie manchmal Diskrepanzen zwischen Ihrem inneren Geschwindigkeitsbedürfnis und der Geschwindigkeit der Musik?

Tipp: Sie können diese Art Übung auch auf andere Zeitdimensionen ausdehnen wie etwa Rhythmen und Timing.

Die Freude an der Schnelligkeit ist das eine. Das andere ist das *Genießen von Ruhe und Muße*. Einiges geht uns zu schnell. Beschleunigung wird in manchen Zusammenhängen negativ bewertet. Denken Sie etwa an Alterungsprozesse oder unerwünschte Veränderungen.

Vielfach ist das, was als Siegeszug eines sich beschleunigenden High-Speed-Trends verkauft wird, etwas ganz anderes. Nehmen Sie das Überschallflugzeug »Concorde«, deren Flüge im Herbst 2003 eingestellt wurden, oder die Magnetschwebebahn »Transrapid«, die in Deutschland trotz massiver Subventionen nicht kommerziell auf die Schienen kam. »Jenseits der Schnelligkeit« – allein der Name deutet die Fantasien an, die in der Zeit dieser Erfindungen in den 1960er-Jahren gängig waren. Beides sind Beispiele dafür, dass die technischen Erfindungen zur Beschleunigung vielfach Ausdruck von Technikbegeisterung sind. Teilweise sind sie ohne Subventionen wirtschaftlich nicht konkurrenzfähig.

Diese Vorstellungen aus dem 20. Jahrhundert sind veraltet: Die tatsächliche Beschleunigung ist in ihrem Tempo und ihrer Vernetzung historisch einmalig. Zu verstehen, wie wir mit den Beschleunigungstechniken angemessen umgehen können, ohne uns zu »Tode zu hetzen«, ist gesellschaftlich ebenso folgenreich wie für unser persönliches Wohlbefinden und unsere Gesundheit. »Rom wurde nicht in einem Tag erbaut.« Wir brauchen mindestens eine Generation, bis die neuen Produkte der Beschleunigung ausgereift und in unsere Lebenswelten und gesellschaftlichen Strukturen eingebettet sind.

Wir verarbeiten tagtäglich einen ständigen Strom von Erlebnissen und Eindrücken. Wir interpretieren, vergleichen und verändern unsere persönlichen Grundeinstellungen (Glaubenssätze). Diese bestehen meistens aus (un)bewussten Verallgemeinerungen über uns selbst, die anderen und die Welt. Sie prägen uns und helfen bei der Organisation unseres Lebens. Da sie unser Verhalten wesentlich beeinflussen, sollten wir sie näher kennenlernen. Eine einfache, wirkungsvolle Möglichkeit besteht darin, sich über die eigenen Redensarten und Mottos klar zu werden.

Folgerungen für die Zeitkompetenz

- Lernen Sie, mit den sich ständig entwickelnden neuen Beschleunigungspotenzialen zurechtzukommen.
- Versuchen Sie zu erkennen, wie Sie diese Potenziale für Ihre Aufgaben vorteilhaft einsetzen können.
- Ebenso, was Sie in welchen Situationen besser bleiben lassen.
- Kultivieren Sie Gelassenheit im Umgang mit Beschleunigung und Schnelligkeit.
- Beachten Sie, dass beim Unterlassen von Aktivitäten Souveränität geboten und in manchen Jobs sogar Mut erforderlich ist, gerade wenn bestimmte Geräte als normal vorausgesetzt werden (zum Beispiel bezüglich der permanenten Erreichbarkeit durch Handy und E-Mails mit dem allgegenwärtigen W-Lan).
- Nutzen Sie die jeweils angemessenen Geschwindigkeiten für Ihre unterschiedlichen Aufgaben in Beruf und Familie.

Übung 11: »Wer rastet, der rostet« und »Eile mit Weile« *(Glaubenssätze)*

a) Welche spontane(n) Satzergänzung(en) fällt/fallen Ihnen zu den nachfolgenden Formulierungen im Zusammenhang mit Geschwindigkeit ein?
- »Ich bin zu …«
- »Jeder sollte …«
- »Immer wenn …, dann …«
- »Ich glaube bestimmt, dass …«
- »Schon immer war ich …«

b) Welche Redensarten und Sprichwörter wurden von Ihren Eltern, Verwandten, Lehrern häufig benutzt? Welche kann man am Arbeitsplatz hören? Hängt ein lustiger Spruch an Ihrer Pinnwand? Schreiben Sie Ihre Sprüche auf, und ergänzen Sie auch die folgende Aufstellung mit eigenen Redensarten.

- »Zeit ist Geld.«
- »Schnell beim Essen, schnell bei der Arbeit.«
- »Die Schnellen fressen die Langsamen.«
- »Leben auf der Überholspur.«
- »Morgenstund' hat Gold im Mund.«
- »In der Ruhe liegt die Kraft.«
- »Abwarten und Tee trinken.«
- »Eile mit Weile.«
- »Termine sind bedrohlich.«
- »Hektik bedeutet Erfolg und bringt Anerkennung.«
- »Kommt Zeit, kommt Rat.«
- »Schnelligkeit macht das Leben erst interessant.«

Neben Redensarten gibt es typische »Aufträge«, die man als inneren Antreiber bezeichnet. Welche davon spielen bei Ihnen eine zu starke Rolle?

- »Sei schnell!«
- »Sei perfekt!«
- »Sei freundlich!«
- »Sei stark!«
- »Streng dich an!«
- »Sei sparsam!«

Nachdem Sie die Übungen (a) und (b) abgeschlossen haben, können Sie Ihre Grundeinstellungen näher unter die Lupe nehmen:

- Welche dieser Sprüche fördern »Speed«? Welche machen langsamer?
- Welche führen zu Überforderung? Welche zu Unterforderung?
- Welche eröffnen Möglichkeiten? Welche begrenzen sie?
- Gibt es ähnliche Grundeinstellungen bei Ihren Kollegen oder Freunden?
- Gibt es Einstellungen, die Sie künftig stärker zur Geltung bringen oder lieber abschwächen wollen?

Tipp: Diese Art Übung können Sie vergleichbar zu Geschwindigkeiten zu allen Sie besonders interessierenden Zeitaspekten machen. Anregungen zu Glaubenssätzen und Werten finden Sie in Andreas/Andreas (2008).

TIMING

»It is all in the timing« – »Alles hängt am richtigen Timing« – so war ein Artikel in der Financial Times vom 18.9.2002 überschrieben. Am Timing? Kommt es nicht darauf an, möglichst schnell zu sein? Schneller als alle anderen? In einer Welt, in der sich die Debatte vorrangig um Geschwindigkeit und Beschleunigung beziehungsweise dessen Pendant, die Langsamkeit sowie Entschleunigung, dreht, wirkt eine derartige Zuspitzung zunächst überraschend. Der Autor des Artikels, der sich mit der Entwicklung der Pensionsfonds und Kapitalmärkte befasste, hat dennoch gute Argumente für seine Pointierung. In Zeiten eines allgemeinen Booms, wenn die Märkte nur eine Richtung kennen, ist es einfach, mit allen anderen mitzuspringen. In Zeiten, in denen die Entwicklung differenzierter verläuft oder, wie dies in der Finanz- und Wirtschaftskrise aktuell der Fall ist, krisenhaft wird, kommt dagegen dem Zeitpunkt von Entscheidungen ein überragendes Gewicht zu.

Timing – dies ist nicht nur in der Welt der Finanzdienstleistungen wichtig. Vielmehr gilt allgemein: Das richtige Timing ist für die Zeiten und damit für unseren Umgang mit den Zeiten grundlegend. Dies gilt für das Verhalten im Verkehr ebenso wie für die Koordination in Produktionsabläufen. Es gilt für die Familie, in der Schule, bei der Beratung und in der Freizeit. In den unterschiedlichsten Sportarten ist dies offenkundig ein zentraler Erfolgsfaktor, wie zum Beispiel beim Skispringen, bei dem man den richtigen Zeitpunkt zum Absprung treffen muss.

Timing ist für alle Lebensvorgänge grundlegend. Dies können wir an einem Beispiel nachvollziehen, bei dem Timing der Schlüssel zum Verständnis eines neuartigen Problems wurde.

> Die Biologin Theo Colborn bekam in den 1980er-Jahren den Auftrag, damals nicht recht einzuordnenden Fortpflanzungsproblemen von Vögeln, Fischen, Alligatoren und anderen Tieren nachzugehen. Es handelte sich um Tiere, die im beziehungsweise am Wasser leben. Die Großen Seen (Nordamerika), in denen diese Probleme auftraten, hatten durch Reinhaltemaßnahmen gegenüber der früheren, hohen Verschmutzung wieder eine deutlich bessere Wasserqualität. Deshalb konnten diese Probleme nicht zugeordnet werden. Alle gängigen Erklärungen ergaben keinen Sinn. Erst als Colborn einer zunächst ungewöhnlichen Spur nachging, fand sie das Ende eines Fadens im Wollknäuel von tausenden Befunden. Extrem niedrige Dosen von Hormonen, die nach üblichen wissenschaftlichen Maßstäben keine Wirkungen auf die Fortpflanzung der Tiere ausüben konnten, hatten negative Wirkungen. Warum? War sie einer neuartigen Homöopathie auf der Spur? Nein, es war viel einfacher, obgleich es für die Wissenschaftler nur schwer zu begreifen war, die Durchschnittswerte verwenden. Selbst sehr geringe Dosen von Hormonen können in bestimmten sensiblen Phasen der Fortpflanzung sehr markante negative Wirkungen auslösen *(s. Colborn u. a. »Our Stolen Future« 1996)*.

Das bedeutet: Kleine Veränderungen können zu einem *sensiblen Zeitpunkt* sehr große Auswirkungen haben. Im geschilderten Fall konnten sie sogar den Bestand von Tierarten gefährden. Der Film »Lola rennt« ist ebenfalls eine gute Veranschaulichung dafür.

Folgerungen für die Zeitkompetenz

- Timing ist eine nicht zu unterschätzende, grundlegende temporale Dimension.
- Machen Sie sich in Ihrer Planung zunutze, dass viele Ereignisse und Entwicklungen rhythmisch synchronisiert sind. Das spart Zeit.
- Eine starke Kontrollorientierung der Zeit missachtet dies und erfordert deshalb einen hohen Zeitaufwand für Timing. Zugleich behindert diese Orientierung Ihre Offenheit für überraschende Ereignisse und Abläufe.

Fundstück: »Warum lieben Firmenchefs Golf? Vielleicht ist es das Gefühl von perfektem Timing. Jeder Chef mag es, wenn die Dinge perfekt synchronisiert sind. Für sie bietet UPS synchronisierten Handel. Das heißt: ein ununterbrochener, aufeinander abgestimmter Fluss von Waren, Informationen und Kapital.« (UPS-Werbung)

ZEIT = GELD

Fundstück: »Glaubst du an Liebe auf den ersten Blick?« fragte ein Freund Mulla Nasrudin. »Nun«, sagte der Mulla, »ich denke, das spart eine Menge Zeit.« (Quelle unbekannt)

»Zeit ist Geld« – diese von Benjamin Franklin 1748 formulierte Gleichung ist heute Allgemeingut. Geld steht für einen mächtigen Antriebsfaktor der beschleunigten Pausenlosigkeit und Gleichzeitigkeit: Münz-, Papier-, Plastikgeld bis hin zu digitalisierten Finanzströmen rund um den Globus. Die Verschränkung von Zeit und Geld führte zu einer Änderung im Zeitverständnis. Und damit zu einer weitreichenden Änderung im Umgang mit der Zeit.

Der Unterschied gegenüber früheren Zeiten ist nicht das Haushalten mit der Zeit, das mussten Menschen zu allen Zeiten. In einer agrarischen Gesellschaft spielten beispielsweise die Vorgaben des Wetters für den Ernteerfolg eine große Rolle, etwa bei der Heu- und Getreideernte. Dennoch war die Grundhaltung eine andere als heute. Die Menschen orientierten sich in ihren Lebensvollzügen an den Jahreszyklen der kirchlichen Festtage, die ihrerseits eng an die Naturzeiten des Jahresgangs angelehnt waren. Die Zeit war heilige Zeit – »unsere Zeit steht in Gottes Händen« (Psalm 31, 16).

In der Moderne wurde die Zeit zunehmend zu einer *Ware und Ressource*. Mit knapper Zeit ist nun möglichst effizient zu wirtschaften: Knappheit wird zum Dauerzustand. Die franklin'sche Maxime änderte zunächst die Berufswelt. Sie war als Ratschlag »an einen jungen Geschäftsmann« (*busy* = eilig, geschäftig; *businessman* = Geschäftsmann) gedacht. Damit veränderte sich das Bild des wirtschaftlich erfolgreichen Geschäftsmanns und Managers. Vertreter der Wirtschaftselite pflegten in der aufblühenden Marktwirtschaft zunächst eher noch das feudalistische Selbstverständnis: Zeit haben und andere für sich arbeiten lassen. Später wurde diese Haltung, ganz im Sinne Franklins, durch Zeitdruck und volle Terminkalender als Erfolgsstatus abgelöst. Zwischenzeitlich mehren sich die Anzeichen dafür, dass der Höhepunkt dieser Haltung bereits hinter uns liegt.

Die Maxime »Zeit = Geld« kann als Erfolgsgeschichte des Zeitsparens gelesen werden.

Muße und Zeitüberfluss sind in der Folge zu erwarten, so könnte man meinen.

> Ein Beispiel: Unsere Vorfahren brauchten für eine einfache Landstrecke von etwa 15 bis 20 km hin und zurück einen Tag oder gar länger. Bei normalen Verkehrsverhältnissen merken wir eine solche Distanz heutzutage kaum noch. Nicht anders ist es beim Wechsel vom handgeschriebenen Brief zum E-Mail.

Muße? Zeitüberfluss? Schon eher könnten wir in Abwandlung des berühmten Buchtitels von Proust von der »Suche nach der gesparten Zeit« sprechen. Sprüche wie »Alles hat seine Zeit, nur ich habe keine« machen die Runde. Hetze und Zeitnot sind Alltagserfahrungen. Dies ist nicht einfach nur Ausdruck einer Haltung »Lerne klagen, ohne zu leiden«. Viele Menschen, die eigentlich nicht besonders unter äußerem Zeitdruck stehen, haben das vorherrschende Gefühl so verinnerlicht, dass sie nur schwer aus diesem Tretrad aussteigen können.

Ist das nicht paradox? Was auf den ersten Blick so wirken mag, hat System. Ein Blick auf den ökonomischen Antrieb der Beschleunigung und der daraus resultierenden *Falle des gehetzten Zeitsparers* macht dies verständlich. Wenn der Leitspruch »Zeit ist Geld« zur ausschließlichen Maxime wird, dann gilt: Zeit sparende Geräte wie Mikrowelle, ein schnelles Auto, Laptop ermöglichen uns, in der jeweils gesparten Zeit *noch mehr zu machen*. Nehmen Sie etwa an, Sie fahren mit dem Pkw oder der Eisenbahn im Schnitt nicht, wie bisher, 80 km in der Stunde, sondern nach Ausbaumaßnahmen 120 km. Wofür könnten Sie die gewonnene Zeit verwenden? Für mehr Muße, Gespräche, Naturerleben, kulturelle Ereignisse, schöpferische Tätigkeiten? Tatsächlich tut das nur ein Teil der Menschen. Dafür erhöhen viele andere ihren Aktionsradius und fahren »geschwind mal« zusätzlich weite Strecken.

Je mehr wir machen können, desto mehr verstärkt sich das Gefühl, auf noch mehr verzichten zu müssen, was wir in der gleichen Zeit ebenfalls machen könnten:

Was immer ich mache, ich könnte etwas anderes verpassen. Je mehr ich mache, desto mehr könnte ich verpassen.

Die Ökonomen nennen dies die Opportunitätskosten der Zeit. Wir intensivieren Tätigkeiten, um mit der gewonnenen Zeit noch mehr machen und diese noch intensiver nutzen zu können:

In der Welt der Opportunitätskosten der Zeit ist verstärkter Zeitdruck keineswegs paradox, sondern die unvermeidliche Folge.

Staffan Linder veröffentlichte 1971 ein vorausschauendes Buch zu dieser »*Falle der gehetzten Zeitsparer*«. Aus heutiger Sicht wirkt die damalige Zeit relativ beschaulich. Linder sah in seiner Analyse der gehetzten Freizeitgesellschaft in den beiden damals diesbezüglich fortschrittlichsten Ländern, USA und Schweden, bereits die Zeichen in Richtung Zeitverdichtung und Hetze. Dies waren für ihn nicht einfach zufällige Einzelbeobachtungen. Vielmehr folgten sie für ihn aus der Zeit-ist-Geld-Logik, wenn wir ausschließlich vom Kalkül der Opportunitätskosten der Zeit angetrieben werden. Diese Logik ist nicht notwendigerweise wirtschaftlich vorteilhaft:

- Bei zu starker Zeitverdichtung leidet die Arbeitsqualität und es entstehen problematische Effekte mit hohen Folgekosten.
- Zeitdruck behindert Kreativität und beeinträchtigt damit die Innovationskraft der Wirtschaft.
- Menschliche Beziehungen leiden unter Zeitnot oder gehen in die Brüche. Durch zu langes Abtauchen in Online-Netzwerken kann der unmittelbare, authentische Kontakt der persönlichen Begegnungen leiden.
- Das Wohbefinden sinkt durch das permanente, im Hintergrund stets mitlaufende Gefühl, etwas zu verpassen.
- Wenn die Eigenrhythmen und Eigengeschwindigkeiten dauerhaft überspielt werden, kann dies stark negative Folgen auslösen.

Michael Ende (2005) thematisierte dies in seinem märchenhaften Roman »Momo«. Seine grauen Männer propagierten das Zeitsparen und vertrieben damit die Lebensfreude. Tatsächlich versuchen wir ja gerade nicht, Lebenszeit zu sparen, sondern das Leben zu verlängern. Doch das ist wieder eine andere Geschichte unseres Bemühens, Zeit zu kontrollieren.

Wir können Zeit sparen und mit ihr bei bestimmten Tätigkeiten haushälterisch umgehen. Lebenszeit, einmalig gelebte Zeit, können wir jedoch nicht sparen. Das ist anders als beim Geld.

Fundstück: »Zeit ist Geld!« – »Na, des stimmt net. Zeit hab i gnua, aber kein Geld! Wenn i so viel Geld hätt wie Zeit, dann hätt i mehr Geld wie Zeit.« – »Dann hättn Sie keine Zeit mehr, dass Sie mit mir wohin gehen?« – »Das nicht, aber heut hätt ich noch Zeit.«
(Karl Valentin)

FOSSIL BESCHLEUNIGT

Die gewaltige Beschleunigung war nur möglich, da die industrielle Revolution einen groß angelegten *Zeitdiebstahl* in Szene setzte: Kohle und andere fossile Energieträger, die die Voraussetzung für die Eisenbahn und die folgenden Beschleunigungstechniken waren, bildeten sich in den Tiefen der Urzeiten der Erdgeschichte. Erdöl hat beispielsweise eine Formationszeit in langen geologischen Zeitskalen von Jahrmillionen. Wir verbrauchen es jedoch in einer Zeitspanne, die nur etwa acht bis zehn menschliche Generationen währt.

Diese Art der Beschleunigung der Fortbewegung kommt derzeit an ein Ende (Schindler/Held/Würdemann 2009): Die Förderung des konventionellen Erdöls als bisher wichtigstem fossilen Energieträger ist in diesen Jahren an ihrem Maximum angelangt – dem sogenannten *Peak Oil*. Da der Verkehr in seinen bisherigen Formen fast völlig vom Erdöl abhängig ist, wird dies in den kommenden Jahren gewaltige Auswirkungen haben. Die Ferne wird nicht weiter näher kommen, sondern es wird sich eine neue Balance aus Nähe und Ferne einstellen. Viele Menschen werden damit mehr Chancen zu selbstbestimmter Fortbewegung als im bisherigen fossilen Verkehr haben: Kinder ebenso wie ältere Menschen. Flanierzonen werden normal. Der aufrechte Gang, der uns Menschen zu Menschen machte, ist dann nicht länger Restverkehr; das Fahrrad kann (wieder) zu einem Hauptverkehrsmittel werden – eine Renaissance der Körperkraftmobilität steht an.

Wenn der bisherige physische Treiber der Beschleunigung weniger wird, ergibt dies neue Möglichkeiten, von der permanenten Raserei und permanenten Hochgeschwindigkeit Abschied zu nehmen. In der Zeit der abnehmenden Erdölförderung werden deshalb Initiativen wie das *Netzwerk Slowmotion* öffentlich Aufmerksamkeit finden unter dem Slogan: Mobilität genießen – menschenfreundlich, klimaverträglich, postfossil.

Stellen Sie sich vor, welche Möglichkeiten sich in diesem Umbruch bieten werden, die Balance aus Schnelligkeit und Langsamkeit, Aktivität und Ruhe zu finden.

www.netzwerk-slowmotion.org
© Netzwerk Slowmotion

ANGEMESSENE EILE

Rennen? Immer nur rennen? Nichts ist den Zeiten unangemessener als eine derartige Maxime. Blind drauflosrennen, möglichst schnell, erschwert es, auf das richtige Timing zu achten. Eine Aufgabe, die Ausdauer über Wochen, Monate oder gar Jahre erfordert, ist etwas anderes als ein Feuerwehreinsatz. Und auch da gilt: Wer permanent hyperaktiv ist, wird im entscheidenden Moment schlecht vorbereitet und unkonzentriert sein. Für Hundertmeterläufe gilt vordergründig »je schneller, desto besser« beziehungsweise »der Schnelle siegt«. Aber auch beim Schnellsein gilt es, *im richtigen Moment* schnell zu sein. Wer zu häufig frühstartet, wird disqualifiziert. Wer bei der Tour de France seine Kräfte nicht richtig einteilt, hat gegenüber zeitbewussteren Konkurrenten keine Chance.

Eine Strategie, die nur auf Höchstgeschwindigkeiten setzt, kann bestenfalls kurzfristig Maximalerträge erbringen – hohe Durchschnittserträge sind ausgeschlossen. *Angemessene Geschwindigkeiten* sind je nach Situationen, Aufgabenstellungen und Abläufen völlig unterschiedlich. Wer mit dem Fahrrad beziehungsweise Motorrad zu langsam fährt, wird umfallen. Wer zu schnell in die Kurve geht, wird schleudern und kann umfallen. Eine Erkenntnis, die bereits in einem biblischen Text (etwa 2. Jahrhundert v. Chr.) zu finden ist.

> **»Die rechte Einstellung zum Erwerb.** Mein Sohn, warum willst du dir so viel Mühe bereiten? Es bleibt doch keiner ungestraft, der zu hastig vorandrängt. Läufst du zu rasch, erreichst du das Ziel nicht; fliehst du zu schnell, entkommst du nicht. Da müht sich einer, plagt sich und hastet, doch umso mehr bleibt er zurück. Da ermattet einer und bricht unterwegs zusammen, ist arm an Kraft und reich an Schwäche, doch das Auge des Herrn schaut ihn gütig an, er schüttelt den schmutzigen Staub von ihm ab. Er richtet sein Haupt auf und erhöht ihn, sodass viele über ihn staunen. Gutes und Böses, Leben und Tod, Armut und Reichtum, kommen vom Herrn.« *(Jesus Sirach 11, 10–14)*

»Schnelligkeit ist gut! Noch mehr beschleunigen ist gut!« »Entschleunigung ist angesagt! Lob der Langsamkeit!« Derartige Gegenüberstellungen sind beliebt. Angesichts der Attraktion der Kontrolle der Zeit auf der einen Seite und des Zeitdrucks auf der anderen Seite ist dies verständlich. Aber es hilft nicht weiter. Wenn wir zu schnell sind, ist Abbremsen angesagt. Richtig. Aber auch da ist auf die Umstände zu achten. Bei wildem Wasser gegen die Strömung zu halten ist gefährlich. Noch gefährlicher ist es, wenn noch höhere Geschwindigkeiten und noch mehr Zeitkontrolle propagiert werden. Wildwasserfahren lehrt anderes: sich mit dem wilden Wasser bewegen und versuchen, in ruhigeres Gewässer zu kommen.

Wie aufgezeigt, stehen uns heute historisch erstmalige, neuartige technische Potenziale der Beschleunigung und Hochgeschwindigkeiten zur Verfügung. Die *Aufgabe* ist zu lernen, damit angemessen umzugehen – das Tun ebenso wie das Lassen.

Die folgende Methode, benannt nach ihrem Begründer Moshé Feldenkrais (1904–1984), betont die Zusammenhänge zwischen körperlicher und geistiger Beweglichkeit. Sie stellt eine Lernmethode dar, die den Körper im Zusammenwirken mit dem Bewusstsein schult. Damit können alle Dimensionen von Zeiten – Geschwindigkeit, Rhythmus, Gleichzeitigkeit etc. – bewusst gemacht und geübt werden. Feldenkrais bietet einfache Körperübungen, mit denen man den körperlichen und geistigen Bewegungsspielraum erweitern

Fundstück: »Sponsors of Tomorrow: Life moves at different speeds, so we've created a processor that does, too. Computing as we know it is about to change. Gone are the days of being fast for fast's sake. [...] It's more than just a faster way of computing, it's a smarter one.« (Werbung intel, Januar 2010)

und sich zugleich seinen Umgang mit Zeit bewusst machen kann. Da die Lektionen in bequemer Lage durchgeführt werden und jeder Teilnehmer den Grad an Anstrengung selbst wählen kann, sind die Übungen für Menschen jeden Alters geeignet.

Dazu zunächst einige wichtige praktische Hinweise:

- *Geschwindigkeit:* Erfolgreich lernen kann man nur in einem Tempo, das dem einzelnen Menschen gemäß ist. Leider vergessen viele Erwachsene häufig ihre angemessene Geschwindigkeit und übernehmen das Drängen und Schieben, das wir aufgrund unserer Leistungsgesellschaft gewöhnt sind. Bei Unsicherheit sollte man die Bewegungen lieber noch langsamer vollziehen und den eigenen Ehrgeiz reduzieren.
- *Aufmerksamkeit:* »Wenn man nicht weiß, was man tut, dann kann man nicht tun, was man will« (Feldenkrais). Man sollte beim Lernen die Absicht weglassen, es richtig zu machen. Je angenehmer und leichter etwas geht, desto wirkungsvoller und angemessener ist der jeweilige Ablauf. Die Aufmerksamkeit wird auf die inneren, mit der Bewegung verbundenen Empfindungen gelenkt. Dabei wird eine starke Konzentration vermieden, die die äußere Wahrnehmung vermindert.
- *Aus Fehlern lernen:* Wer keine Fehler macht, kann auch nicht lernen. Jede Handlung kann zu Unbekanntem und Neuem führen. Wenn man ständig versucht, Fehler zu vermeiden, nimmt man sich die Lernchance und verliert vielleicht das Interesse beziehungsweise die Freude am Lernen. Es ist sinnvoller, Alternativen zu entwickeln. Später stellt sich dann heraus, welche davon in welcher Situation individuell geeignet ist.
- *Bewusstes Bewegen:* Zur Erklärung des Unterschieds zwischen Bewusstsein und Bewustheit verwendet Feldenkrais das Beispiel einer Treppe, die man jeden Tag hinaufgeht. Erst wenn man die damit verbundene Anzahl von Handlungen kennt, wie etwa das Verschieben der Augen und all die Kopf- und Armbewegungen, die Zahl der Treppenstufen etc., sind wir uns ihrer gewahr und erleben Bewusstheit.
- *Erfolg mit dem richtigen Maß an Energieeinsatz:* Wenn Sie übermäßige körperliche Anstrengung erleben, wird Ihr Gehirn mit Eindrücken überhäuft. Der gewünschte Lernprozess wird untergraben. Bei unnötigen Kraftanstrengungen erzeugen Sie unnötige Wärme und Reibung an den Gelenken. Dies kann zu Verschleißprozessen führen.

Übung 12: Vertraut werden mit meinen Geschwindigkeiten *(Feldenkrais)*

Bei dieser Übung geht es um die Koordination der Beuge- und Streckmuskeln.

Ausgangsposition: Legen Sie sich mit ausgestreckten Beinen auf den Rücken. Ziehen Sie die Knie an, stellen Sie die Beine auf und schlagen Sie, wie man es häufig im Sitzen macht, das rechte über das linke Knie.

Lassen Sie beide Knie ganz langsam nach rechts sinken, sodass beide jetzt nur auf dem linken Fuß ruhen. Wenn Sie beim Sinkenlassen einen Widerstand spüren oder sich anstrengen müssen, kehren Sie langsam zurück in die Mitte. Nach einer kleinen Pause wiederholen Sie diese kleine, langsame Bewegung nach rechts und zurück zur Mitte etwa 20-mal. Ihre Arme liegen dabei bequem neben Ihrem Körper. Versuchen Sie, durch die Bewegung Bewusstheit zu erleben. Dabei können folgende Fragen hilfreich sein:

- Welche Bewegungsgeschwindigkeit haben Sie gewählt?
- Ist sie gleich, schneller oder langsamer als die gewohnte Geschwindigkeit?
- Haben Sie während der Übung die Bewegungen schneller werden lassen?
- Welcher Körperteil beginnt zuerst mit der Bewegung?
- Wie verändert sich die Gewichtsverlagerung auf dem linken Fuß?
- Welche Rolle spielen Hüfte, Rippen und Schulter?
- Wie wirkt sich die Drehbewegung auf die Wirbelsäule aus?
- Bleibt der Kopf stabil in seiner Lage, oder hat er die Tendenz, sich mitzubewegen? Wenn ja, wohin?
- Bewegen Sie sich fließend oder machen Sie die Bewegung in kleinen, von außen nicht erkennbaren Schritten? Was können Sie tun, um die Bewegung geschmeidiger und fließender zu vollziehen?
- Welche Zusammenhänge mit der Atmung können Sie spüren? Haben Sie Ihren Atemrhythmus verändert?

Tipp: Eine weitere Feldenkrais-Übung finden Sie in Übung 21 (S. 95).

Atmen Sie ein, während die Knie in die Mitte zurückkehren. Atmen Sie aus, wenn die Knie sinken, sodass eine Hin-und Herbewegung der Beine einem Atemzyklus entspricht. Strecken Sie die Beine aus. Versuchen Sie zu spüren, auf welcher Seite Ihres Beckens sich mehr verändert hat. Eine der beiden Seiten liegt flacher auf und ist mit dem Boden vollständiger in Berührung. Welche Seite ist es?

Kreuzen Sie jetzt das linke Knie über das rechte. Lassen Sie beide nach links hinübersinken und bringen Sie sie dann wieder in die Mitte zurück. Wiederholen Sie diese Bewegung etwa 20-mal und machen Sie dazwischen jeweils eine Pause.

Beantworten Sie bitte jetzt die Fragen, die Sie sich zuvor bei der Bewegung in die andere Richtung gestellt haben.

Beobachten Sie zum Schluss, welche Körperseite jetzt »mehr« am Boden liegt und mit ihm vollständiger in Berührung ist. Die Fortsetzung dieser Übung finden Sie in Feldenkrais 1996, S. 148 ff.

Tipp: Weitere Übungen finden Sie in Hanna 2000 sowie unter www.feldenkrais.de.

Folgerungen für die Zeitkompetenz

- Vermeiden Sie, pausenlos immer schneller sein zu wollen.
- Beachten Sie bei Ihren Tätigkeiten, dass Schnelligkeit an einer Stelle zusätzlichen Zeitaufwand an anderen Stellen verursacht (zum Beispiel ständige Veränderungen, Terminverschiebungen).
- Achten Sie darauf, in welchen Situationen und für welche Aufgaben welche Tempi angemessen sind.
- Seien Sie wählerisch in der Auswahl und Nutzung von Beschleunigungs-, Nonstop- und Simultangeräten.

Fundstück: »Entgegen in der Wirtschaft weit verbreiteten Glaubenssätzen ist permanenter Zeitdruck und Hochgeschwindigkeit unwirtschaftlich, mit hohen psychischen Kosten und Folgen für Gesundheit und Leistungsfähigkeit.« (Rolf Haubl und G. Günter Voß 2009)

Dieses Kapitel begann mit einer Geschichte von Gazellen und Löwen. Die darin zum Ausdruck kommende Management-Maxime bringt das Problem der Hochgeschwindigkeit-Nonstop-Gesellschaft auf den Punkt: Das *blinde, pausenlose Drauflosrennen* ist das Problem. Es gilt, im rechten Moment Kräfte für hohe Geschwindigkeiten mobilisieren zu können: sich die Kräfte einzuteilen, den rechten Moment zu erkennen und dann schnell zu sein.

> »Jeden Morgen wacht in Afrika eine Gazelle auf. Sie weiß, dass sie sich, will sie nicht gefressen werden, in ihrem Verhalten nach den Jagdzeiten der Löwinnen richten muss.
> Jeden Morgen wacht in Afrika eine Löwin auf. Sie weiß, dass sie nur dann nicht verhungern wird, wenn sie die Zeiten beachtet, zu denen die Gazellen ihren Durst am Wasser stillen.
> Es ist egal, ob man eine Löwin oder eine Gazelle ist: Wenn die Sonne aufgeht, muss man etwas von den Zeiten anderer Lebewesen verstehen und sie beachten.«

Rhythmen

SCHÖPFERISCHE PAUSE

> **Atemschwingungen.** Die Schwingungen des Atems übertönen die Herzschläge. [...] Vor allem: die Schwingungen des Atems sind willkürlich dehnbar. Dabei ist von entscheidender Wichtigkeit, dass die Pause zwischen Ausatmung und neuer Einatmung dehnbar ist. Diese Pause ist schöpferisch. Aus ihrer Tiefe kann der wahrhaft eigene Atem sich erheben. Bei den meisten Menschen wird diese Gelegenheit immer wieder vorbeigelassen. Ihr Atem schwingt achtlos über diese Besinnungspause hinweg. So kommen alle diese gar nicht zu ihrem Eigenatem.« *(Fritz Klatt: Die schöpferische Pause 1923, S. 3)*

Herzschlag, Atem, Tagesrhythmen, Jahreszeiten – wir haben die Rhythmen ständig in uns, bei uns und um uns herum. Wir leben in ihnen. Nichts ist einfacher, als rhythmisch zu leben? Weit gefehlt. In diesen Zeiten des »jederzeit, überall, sofort« wirken viele Menschen atemlos. Sie sind aus dem Rhythmus geraten. Manchmal entsteht der Eindruck, Rhythmen seien etwas Veraltetes. Viele Menschen meinen, sie leben heute in einer von den Naturrhythmen losgelösten Zeit. Manche Personen leben in ständiger Eile und sind so geschäftig, dass sie im beruflichen und familiären Alltag ihre eigenen Körperrhythmen (wie Hunger, Ausscheidungsbedürfnis, Müdigkeit, Bedürfnis nach Bewegung) ignorieren. Rhythmen kommen in dieser Welt nur noch als Nostalgiewert vor, etwa in romantischen Sonnenuntergängen der Reiseprospekte.

In den Reformbewegungen waren bereits an der Wende des 19. zum 20. Jahrhunderts Rhythmen ein wichtiges Thema. Fritz Klatt war ganz im Mainstream der Reformpädagogik (Texte dazu finden Sie bei Held/Geißler 1995, S. 129 ff.). Seit dieser Zeit haben wir durch Chronobiologie, Chronopharmazie und andere Disziplinen viel Wissen über Rhythmen dazugewonnen. Wir wissen darüber so viel wie noch nie zuvor. Im Alltag wurden die Rhythmen dennoch zunehmend vernachlässigt. Dieser Trend kehrt sich inzwischen langsam um. Wir laden Sie ein, sich Zeit zu nehmen für die Welt der Rhythmen.

Übung 13: Rhythmus des Lebens *(Atem)*

Beginnen wir zur Einstimmung mit dem Rhythmus unseres Atems. Der Atem versorgt alle Zellen mit dem Lebens- und Energieträger Sauerstoff. Das Atmen ist ein grundlegender Rhythmus allen Lebens. Solange wir leben, spüren wir ihn in uns. Deshalb ist der Atem sehr gut geeignet, einen Zugang zu Rhythmen zu finden und zu üben.

Diese Übung können Sie zu Hause machen oder in der Natur zusätzlich die frische Luft genießen und auftanken.

Grundübung – den Atemraum spüren

Suchen Sie sich bitte einen Platz, an dem Sie sich gerne aufhalten und jetzt nicht gestört werden. Setzen oder legen Sie sich bequem hin. Kommen Sie nun langsam innerlich an Ihrem Platz an. Beobachten Sie Ihren Atem: In welchem Rhythmus kommt und geht er? Spüren Sie Ihre Zunge im Mund und lockern Sie bewusst den Unterkiefer – so entspannt sich Ihr ganzes Gesicht.

Gehen Sie nun mit Ihrer Aufmerksamkeit zu den Schultern. Lassen Sie die Schultern locker hängen und atmen Sie tief in den Unterbauch. Hinterkopf und Rücken bilden eine gerade Linie. Legen Sie beide Hände auf den Unterbauch und spüren Sie, wie sich Ihr Bauch in einem bestimmten Rhythmus senkt und hebt. Wenn Sie eine Weile so geatmet haben, legen Sie nach dem Ausatmen jeweils eine Pause ein. Genießen Sie, wie Sie ruhiger werden und sich immer mehr entspannen.

Variationen – mit dem Atemrhythmus spielen

Gehen Sie mit Ihrer Aufmerksamkeit zu Ihrem Herzschlag. Wo genau im Körper können Sie ihn wahrnehmen? Er ist wahrscheinlich relativ ruhig und regelmäßig. Beobachten Sie ihn liebevoll. Es wird Folgendes passieren: Die Ruhe Ihres Herzschlags wird sich auf Ihren ganzen Körper ausdehnen. Nach einer Weile wirkt sich diese Ruhe wiederum auf Ihren Herzschlag aus. Sie macht ihn noch ruhiger.

Kehren Sie mit Ihrer Aufmerksamkeit zum Atem zurück. Er wird immer ruhiger und gleichmäßiger. Wie ein Pendel – Atemzug um Atemzug. Stellen Sie sich vor, wie mit jedem Einatmen frische Kraft einströmt. Allein die Vorstellung vertieft das Ein- und Ausatmen. Sie können Ihren Rhythmus auch bewusst ein klein wenig verändern. Spüren Sie nach, welche Auswirkungen eine andere Atemfrequenz auf Ihr Wohlbefinden hat. Wählen Sie den Rhythmus aus, der Ihnen momentan am meisten Freude bereitet, und atmen Sie so einige Zeit bewusst ein und aus. Achten Sie dabei auf die kleine Pause, die sich zwischen Ein- und Ausatmen ergibt.

Beenden Sie die Übung, indem Sie sich langsam wieder bewegen, sich räkeln und strecken. Stehen Sie in Ihrer Geschwindigkeit auf und spazieren Sie ein wenig im Raum herum. Spüren Sie nach, ob Sie Unterschiede im Atem vor und nach der Übung wahrnehmen können.

Tipp: Wenn Sie mit Ihrem Atemrhythmus vertraut sind, können Sie diese Übung in verkürzter Form auch zwischendurch in Pausen, in beruflichen und familiären Alltagssituationen durchführen. Dies wird Ihnen helfen, wieder mit Ihren Rhythmen in Einklang und zur Ruhe zu kommen.

WIR SIND RHYTHMUS

Das Leben ist rhythmisch: Von kleinsten Schwingungen einzelner Zellen über den Stoffwechsel des Organismus bis hin zu den Lebenszyklen der Generationenabfolge ist Leben rhythmisch geprägt.

Die Welt ist rhythmisch: Vom Mikrokosmos der Atomschwingungen bis hin zum Makrokosmos des Weltalls. Der Bereich, der für uns Menschen (Humankosmos) maßgeblich ist, wird durch das Zusammenspiel bestimmter Rhythmen geprägt. Tages- und Jahresrhythmus sind für uns dominant. Der Mondrhythmus spielt eine abgeschwächte Rolle.

> **Auswahl einiger besonders wichtiger Rhythmen**
>
> - **Tagesrhythmus:** Die Erddrehung verursacht den Hell-Dunkel-Rhythmus von Tag und Nacht (entspricht einem »Tag«). In Abhängigkeit vom Breitengrad ändert sich im Jahreszyklus dieser Rhythmus.
> - **Jahresrhythmus:** Der Erdumlauf um die Sonne ergibt ein Jahr. Im Zusammenspiel mit der Neigung der Erdachse (Ekliptik) ergeben sich die Jahreszeiten. Je nach Breitengrad ist das ortsspezifisch unterschiedlich.
> - **Monatsrhythmus:** Der Mondumlauf um die Erde ergibt einen Mondmonat.
> - **Gezeiten:** Der Mond in Kombination mit den Einflüssen der Sonne ergibt die Gezeiten.

Fundstück: »Das Leben ist ›eine Symphonie von Rhythmen‹.« (Barbara Adam)

Diese Grundrhythmik prägt die biologische Evolution. Daher sind alle Lebewesen rhythmisch geprägt. Die Vielfalt der Zeitmuster ergibt sich durch das Zusammenspiel unterschiedlich starker Rhythmen. So ist das Leben in der Gezeitenzone für die Lebewesen zeitlich anders als das Leben für Landlebewesen. Die Abbildung auf der nächsten Seite soll ein Gefühl für die grundlegende Bedeutung der Rhythmik des Lebens vermitteln.

Ist die Geschichte der Entwicklung der kulturellen Zeitordnung nicht auch die Geschichte der Herauslösung aus den Naturzeiten? Wird der Einfluss der Rhythmen nicht schwächer und schwächer? Warum sollten wir uns heute noch damit befassen, wenn es um Zeitkompetenz geht?

Die Geschichte der kulturellen Zeitordnung ist eine Geschichte der Herausbildung und Entwicklung *kultureller Rhythmen*. Diese kulturell entwickelten Zeitinstitutionen waren eng an die Naturrhythmen angelehnt. In Europa war dies durch den Zyklus des Kirchenjahres für die Menschen über die Jahrhunderte hinweg prägend. Später lockerte sich diese enge Bindung an die Naturrhythmen. Jahreskalender, Monat, Woche und Wochentage bilden jedoch bis heute einen bestimmenden Lebensrhythmus. Im Laufe der Zeit kamen neue rhythmische Elemente dazu, wie etwa Nationalfeiertage, Bank Holidays, Schulferien.

Auf der einen Seite werden natürliche Rhythmen immer stärker überspielt, gleichsam sedimentiert. Auf der anderen Seite entwickeln sich zugleich fortlaufend neue rhythmische Momente: gesellschaftlich, in Betrieben, in der Familie und individuell. Warum? Rhythmen schaffen Ordnung. Sie verleihen eine gewisse Verlässlichkeit in einer durch Unsicherheit gekennzeichneten Lebenswelt. Dies ist heute nicht weniger bedeutsam als zu allen früheren Zeiten. Und dies wird so bleiben.

Die *Bindung der kulturellen Zeitordnung an die Naturrhythmen* geht jedoch viel tiefer. Dies illustrieren wir an der Erfindung der Atomzeit, da diese als Paradebeispiel der Loslösung von den Naturzeiten dient. Die Atomzeit ist im doppelten Sinn an Naturrhythmen gebunden. Ausgangspunkt ist die Dauer des natürlichen Tag-Nacht-Rhythmus zum Zeitpunkt seiner Festlegung (ein Bruchteil des damaligen Tags 1960er-Jahre: 1 Tag geteilt durch 24 Stunden, geteilt durch 60 Minuten, geteilt durch 60 Sekunden = 1 Sekunde).

Darauf bezogen, wurde die Sekunde an einem sehr kurzwelligen Naturrhythmus der atomaren Ebene neu geeicht, nämlich der Schwingungsfrequenz der Cäsiumatome. Und sie wird den natürlichen Schwankungen durch Schaltsekunden nachgeführt.

Ein weiteres, noch grundlegenderes Faktum: Die natürlichen Rhythmen sind nach wie vor wirksam. Wir können versuchen, sie zu überspielen. Aber es erfordert viel Aufwand und hat zum Teil weitreichende Folgen, wenn die

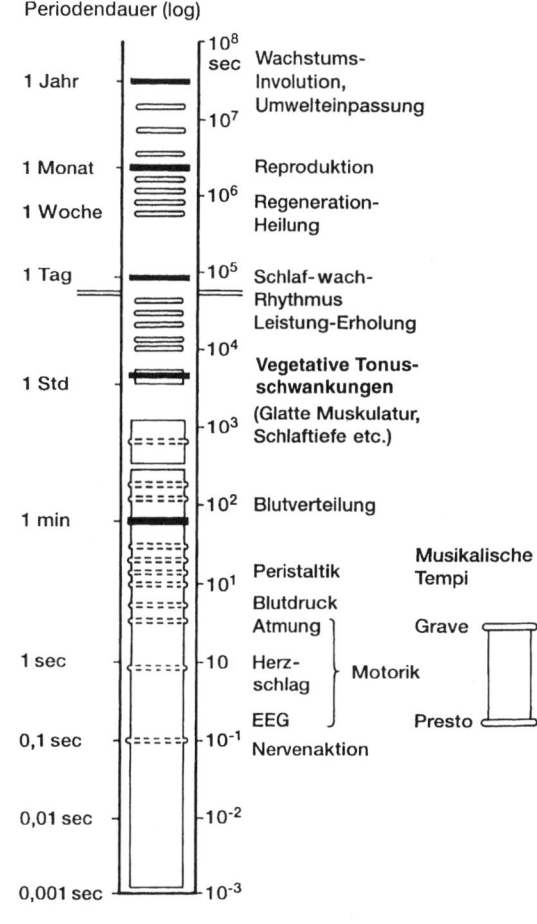

Spektrum der biologischen Rhythmen (modifiziert nach: Hildebrandt 1988)

Rhythmen zu massiv und lang anhaltend ignoriert werden (Adam/Geißler/Held 1998). Wer nichts von Rhythmen versteht, versteht nichts von der kulturellen Zeitordnung.

Gerade weil die Welt und das Leben rhythmisch sind, können wir den heute (noch) vorherrschenden Lebensstil pflegen.

Warum? Die Antwort finden Sie in der folgenden Übersicht zusammengefasst.

> **Rhythmen und ihre Freiheitsgrade**
> 1. Rhythmen sind die Wiederkehr des Ähnlichen (nicht die Wiederkehr des Gleichen).
> 2. Rhythmen sind durch Variation und Flexibilität gekennzeichnet.
> 3. Vielfalt und Schwankungsbreite der Rhythmen ermöglichen es, Veränderungen abzupuffern.
> 4. Damit liefern Rhythmen Freiheitsgrade, also Elastizität, im Umgang mit den Zeiten.
> 5. Dies ist die Voraussetzung für das Überspielen der Rhythmen.
> 6. Die Freiheitsgrade sind nicht beliebig. Wenn sie zu stark überdehnt werden, können sie »reißen«.

(1) Die Besonderheit der Rhythmen ist nicht ihre absolute Genauigkeit, sondern die *Wiederkehr des Ähnlichen*. (2) Rhythmen ermöglichen deshalb *Flexibilität*. Beispielsweise ist das Wetter im Jahresablauf nicht immer exakt identisch. Wären die Lebewesen auf starre Programme fixiert, könnten sie darauf nicht flexibel reagieren, auch nicht wir Menschen. (3) Das Zusammenspiel der Vielfalt von Rhythmen ermöglicht es, *Veränderungen abzupuffern*. Das ist ein allgemeines Grundprinzip. Auch der Herzrhythmus variiert leicht; wird er starr, dann ist dies, medizinisch gesehen, ein Alarmzeichen.

> Würde ein Hochseilartist versuchen, möglichst gleichförmig auf dem Hochseil zu laufen, würde er höchstwahrscheinlich abstürzen. Aus Erfahrung weiß er, dass ihm ein leichtes Wippen und Ausbalancieren mehr Stabilität gibt.

(4) Dies ist der grundlegende Aspekt zum Verständnis der Rhythmen. Diese Schwankungsbreite ermöglicht die Kooperation von Personen mit jeweils un-

terschiedlichen Eigenrhythmen. Rhythmen ermöglichen, mit flexiblen Zeitprogrammen auf äußere Zeitgeber zu reagieren. Sie geben *Elastizität* im Umgang mit den Zeiten. (5) Dies ist die Voraussetzung für das *Überspielen von Rhythmen*. Wir nutzen diese Möglichkeit heute reichlich, vielfach allzu reichlich. Wir machen die »Nacht zum Tage« oder überspielen Jahreszeiten. Viele haben im Winter ein sehr hohes Aktivitätsniveau oder ignorieren bei der Auswahl der Speisen die jeweilige Saison.

(6) Wir nehmen uns diese *temporalen Freiheitsgrade* gerne, sofern sie uns nützlich und attraktiv erscheinen. Sie sind jedoch nicht beliebig dehnbar. Die Freiheitsgrade der Rhythmen haben eine bestimmte Bandbreite. Dafür ist das Bild des Gummibands treffend. Ein gutes Band ist sehr elastisch. Wenn wir es ruckartig heftig überdehnen, kann es bereits bei einmaliger Überdehnung reißen. Ebenso kann es langsam spröde oder reißanfällig werden, wenn wir es häufig etwas zu stark dehnen. Analog funktionieren rhythmische Systeme.

Viele der Probleme im Umgang mit den Zeiten sind Rhythmusprobleme. Wir nutzen Freiheitsgrade der Rhythmen und ahnen dabei nicht, dass wir diese Flexibilität gerade den Rhythmen verdanken. Wir nutzen diese zum Teil so extrem, dass wir ihre Grenzen nicht beachten. Pausen, Erholung und Ruhephasen werden zu Relikten einer Zeit, als wir noch verschwenderisch mit Zeit umgingen und uns zeitlich scheinbar ineffizient verhielten. Wenn wir gemäß dieser Sichtweise das Keine-Zeit-Haben als Status- und Erfolgsausweis ansehen und Zeit als beliebig kontrollierbar missverstehen, führt dies zu Zeitproblemen und Zeitkrankheiten. Das ist unwirtschaftlich und verringert unser Wohlbefinden.

Fundstück: »Wer Rhythmen versteht, kommt zu einem anderen Umgang mit den Zeiten« (Held/Geißler 1995; s. auch Übung 18, S. 79 ff.).

Folgerungen für die Zeitkompetenz

- Rhythmus ist eine elementare Zeitdimension.
- Rhythmen sind für eine kulturelle Zeitordnung grundlegend.
- Wenn wir Naturrhythmen zu stark überspielen und kulturelle Rhythmen auflösen, müssen wir mit negativen Folgen rechnen.
- Dies ist unklug, unwirtschaftlich und verringert Wohlbefinden.
- Auch bei der Beratung empfiehlt es sich, einen angemessenen Rhythmus zu finden.
- Achten Sie darauf, in welchen Situationen Sie die Freiheitsgrade der Rhythmen überstrapazieren.
- Verinnerlichen Sie folgende Grundhaltung: Rhythmen vermitteln Flexibilität und Ordnung. Sie kombinieren damit Flexibilität mit temporaler Sicherheit und Orientierung in einer zukunftsoffenen Welt.

25-STUNDEN-TAG

Literaturtipp: Eine ausführliche Einführung in die Andechser Bunkerexperimente zur Tagesrhythmik finden Sie in Zulley/Knab (2005, 5. Kapitel).

Würden Sie für vier, sechs oder gar acht Wochen in einen von der Außenwelt abgeschirmten »Bunker« gehen? Da weltweit viele Versuchspersonen zu derartigen Isolationsexperimenten bereit waren, wissen wir viel über die zeitliche Organisation des Menschen. Zusammen mit der Forschung bei Pflanzen und Tieren bis hin zur Ebene der Zellen und der Gene schält sich immer mehr ein Bild der uns Menschen bestimmenden Rhythmen heraus.

Warum wurden die Versuche in einem »Bunker« durchgeführt? Es ist erstaunlich, wie viele Zeitsignale wir aus der Umwelt empfangen: Tageslicht, Temperatur, Glockenschläge, Zeitungen, Fernsehen, Internet, Handy bis hin zu Straßenverkehr und anderen indirekten Hinweisen. Durch die freiwillige Isolierung konnte die Zeitstruktur der Menschen ohne irgendwelche äußeren Einflüsse (im »Freilauf«) untersucht werden. Was würden Sie erwarten: unregelmäßige Variationen? Oder eher eine regelmäßige Zeitstruktur, die nahe am natürlichen 24-Stunden-Tag liegt?

Das menschliche Verhalten wird durch ein Zusammenspiel von äußeren Zeitgebern (exogen) und innerer Tagesrhythmik (endogen) gesteuert.

Lassen wir eine Vielzahl von Einflussfaktoren (zum Beispiel Alter und Gesundheit) weg, so ergibt sich aus den Untersuchungen ein eindeutiges Bild: Der Mensch besitzt als Erbe unserer biologischen Evolution eine innere Rhythmik. Die *Tagesrhythmik* ist ohne Außeneinflüsse ungefähr knapp 25 Stunden lang. Deshalb nennt man diese Rhythmik *circadian: circa* = ungefähr und *dies* = Tag.

> **Auswahl wichtiger Zeitgeber zur Synchronisierung circadianer Rhythmen**
>
> - **Tageslicht:** Mit Abstand stärkster äußerer Zeitgeber (ZG).
> - **Soziale Kontakte:** Mit Abstand zweitwichtigster ZG nach Tageslicht.
> - **Zeitpunkt der Hauptmahlzeiten:** Nächstwichtiger ZG (biologisch/sozial).
> - **Körperliche Aktivitäten:** Nächstwichtiger ZG.
> - **Weitere regelmäßig wiederkehrende Ereignisse:** Beispielsweise natürliche Ereignisse wie zyklisch schwankende Temperaturen; aber auch kulturelle Veranstaltungen.

Warum schwankt die Phasenlänge nicht um die natürliche Vorgabe des 24 Stunden-Tags? Nehmen wir einmal an, die innere Rhythmik wäre etwa 24 Stunden lang. Was würde passieren? Ohne Korrekturfaktoren würden kleinste Abweichungen von *genau* 24 Stunden sich im Laufe weniger Tage und Wochen aufaddieren und uns vom natürlichen Rhythmus entfernen. Es kommt darauf an, dass unsere innere Tagesrhythmik durch andere Einflüsse mit der natürlichen Rhythmik *synchronisiert* wird. Biologische Rhythmen wirken zusammen mit sozialen und kulturellen Einflüssen. Der Evolutionsbiologe Christian Vogel formuliert dies so: »Wir sind an der langen elastischen Leine der biologischen Evolution.«

Das Ungefähre aller Rhythmik ist grundlegend.

Rhythmen geben zeitliche Ordnung und zugleich zeitliche Flexibilität. Abweichungen können abgepuffert und Störeinflüsse durch Phasenanpassungen überwunden werden. Der circadiane Rhythmus ist für uns Menschen besonders prägend.

Die »innere Uhr« ist in den Medien ein beliebtes Thema. Wir verwenden diesen Begriff nicht. Eine Uhr, die derartig flexibel wäre wie die endogene Tagesrhythmik des Menschen, würde man kaum verwenden. Sie käme »Palmströms Uhr« näher als unseren üblichen Zeitmessern.

> **»Palmströms Uhr**
> Palmströms Uhr ist andrer Art, reagiert mimosisch zart.
> Wer sie bittet, wird empfangen. Oft schon ist sie so gegangen,
> wie man herzlich sie gebeten, ist zurück- und vorgetreten,
> eine Stunde, zwei, drei Stunden, je nachdem sie mitempfunden.
> Selbst als Uhr, mit ihren Zeiten, will sie nicht Prinzipien reiten:
> Zwar ein Werk, wie allerwärts, doch zugleich ein Werk – mit Herz.«
> *(Christian Morgenstern 2001, S. 250 f.)*

Die innere Rhythmik ist kein Zeitmess- oder -anzeigegerät. Die Beliebtheit der Metapher »innere Uhr« ist vielmehr Ausdruck davon, dass die Gleichsetzung »Zeit = Uhrzeit« in unserer Gesellschaft für viele zur Zeitvorstellung schlechthin wurde. Chronobiologen nutzen die Uhrenmetapher bei der Vermittlung ihrer Ergebnisse zu den Lebensrhythmen. Über diesen Umweg wird die mechanische Sichtweise mittransportiert. Allerdings: Besser, die Ergebnisse verbreiten sich so, als dass die Rhythmik weiterhin als Überbleibsel aus vormodernen Zeiten missverstanden wird.

Fundstück: »Chronobiologie ist Rhythmusforschung. Es gehört zu den grundlegenden Erkenntnissen der Chronobiologie, dass die zeitliche Ordnung der Lebensvorgänge in Form von Rhythmen geschieht. Chronobiologie ist daher gleichbedeutend mit Rhythmusforschung.« (Hildebrandt/Moser/Lehofer 1998, S. 4)

ZEITGEBER

»Hell wie der lichte Tag« – dieser Werbespruch einer Beleuchtungsfirma wurde zum Wahrzeichen des Siegeszugs der künstlichen Beleuchtung. Ein entsprechender Lebensstil galt lange Zeit als modern: In modernen Komfortwohnungen die künstliche Beleuchtung genießen; unabhängig von Dunkelheit oder Helligkeit zur Arbeit fahren; in künstlich beleuchteten Büros und Produktionsräumen arbeiten. – So produzieren und genießen viele einen hohen Güterwohlstand. Tatsächlich leben aber viele in »*biologischer Finsternis*«.

Wie geht das zusammen? Die Geschichte der chronobiologischen Forschung kann uns dies erhellen (Zulley/Knab 2009). Zunächst hatten die Forscher angenommen, dass Licht beim Menschen im Unterschied zu den Ergebnissen bei Tieren kein wichtiger Zeitgeber sei. Es stellte sich heraus, dass das mit der verwendeten Lichtstärke zu tun hatte: Die Deckenlampen hatten 300 Lux. Dies entspricht etwa einer Beleuchtung von Büroräumen mit Fensterplatz. Variationen in der Versuchsanordnung ergaben:

Natürliches Tageslicht ist der wichtigste Zeitgeber zur Synchronisierung der endogenen Rhythmen.

Selbst an einem trüben Wintertag liegen Lichtstärken draußen bei etwa 2.500 Lux. Bereits in dieser Größenordnung ist das Tageslicht als Zeitgeber zur Synchronisierung der circadianen Rhythmen wirksam. Künstliches Licht der üblichen Stärke (beispielsweise 300 Lux) kommt uns subjektiv recht hell vor. Zumindest heller als etwa diffuses Tageslicht an regnerischen Tagen in der dunklen Jahreszeit. Es wirkt aber nicht als Zeitgeber. Da spielt uns unsere Wahrnehmung einen Streich. Es gibt nämlich zwei *unterschiedliche Rezeptoren* in den Augen: erstens den Rezeptor für Helligkeitswahrnehmung zum räumlichen Sehen (Stäbchen/Zapfen); zweitens den Rezeptor für die endogenen Rhythmen (Ganglienzellen).

> **Das Auge der Zeit.** [...] Die Prinzipien der zeitlichen Kontrolle des Lebens durch die innere Uhr und ihre Synchronisation mit der Außenwelt sind auf allen biologischen Ebenen vom Einzeller bis zum Menschen gleich. So besitzen zum Beispiel alle inneren Tagesuhren eigene Lichtrezeptoren, die sich von denen der visuellen Raumwahrnehmung unterscheiden. Beim Menschen, wie bei allen Säugetieren, sind es nicht die Stäbchen und Zapfen der Netzhaut, mit denen das Licht und die Farben unserer räumlichen Umwelt wahrgenommen werden, sondern eigene Lichtrezeptoren, die auch im Auge sitzen und die in der Evolution wahrscheinlich weit vor den Stäbchen und Zapfen entstanden sind. Das Gehirn ›sieht‹ also die Zeit mit anderen ›Augen‹ als den Raum.«
> *(Roenneberg/Merrow 1999, S. 13)*

Wenn wir zu wenig helles Tageslicht spüren, hat das Folgen:

- Erstens wird das Wohlbefinden negativ beeinträchtigt.
- Zweitens reduzieren sich Aufmerksamkeit und Leistungsfähigkeit.
- Drittens schädigt es auf Dauer die Gesundheit.

Es gibt Menschen, die dafür besonders anfällig sind. Insbesondere in der dunkleren Jahreszeit werden manche Menschen melancholisch beziehungsweise schlechter gestimmt, wenn sie nicht lange genug draußen im hellen Tageslicht sind (»Winterblues«), was im schlimmsten Fall bis hin zu jahreszeitlich bedingten Depressionen führen kann. Dies trägt die passende Kurzbezeichnung SAD, *sad* für traurig (*Seasonal Affective Disorder*, saisonal abhängige Depression; allgemein zu Depressionen etwa Niklewski 2009). Die weltweiten Untersuchungen ergaben einen deutlichen Zusammenhang mit den Breitengraden. In Florida tritt etwa SAD sehr viel weniger auf als in Alaska.

Ebenfalls wichtig ist das Lichtverhalten der Menschen. In Finnland und Island kommen SAD-Symptome deutlich weniger vor als in vergleichbaren Regionen der USA, da sich die Menschen in den erstgenannten Ländern mehr im Freien aufhalten. Wer regelmäßig spazieren geht oder sich sonst im Freien aufhält, bei dem treten die Symptome deutlich seltener auf als bei den Stuben- oder Bürohockern.

Künstliches Licht eröffnet zeitliche Möglichkeiten, die kaum jemand missen möchte. Zugleich ist darauf zu achten, dass wir uns dabei nicht neue Probleme einhandeln.

Fundstück: »[...] dass jede Zelle über Uhrengene verfügt, die zentral steuernde Hauptuhr ist allerdings im zentralen Nervensystem [...] im Nukleus Suprachiasmaticus lokalisiert.« (Björn Lemmer, Chronopharmakologie, 2004, S. 7)

Folgerungen für die Zeitkompetenz

- Nutzen Sie das natürliche Tageslicht als stärksten Zeitgeber.
- Gehen Sie regelmäßig ans Tageslicht. Eine halbe Stunde und mehr am Tag ist empfehlenswert (gehen Sie zu Fuß, fahren Sie mit dem Fahrrad, werden Sie im Garten aktiv, treffen Sie sich im Freien mit Freunden oder setzen Sie sich einfach auf den Balkon).
- Gehen Sie insbesondere in der dunkleren Jahreszeit und an trüben Tagen zwischen Sonnenaufgang und Sonnenuntergang ins Freie.

Übung 14: Mein Tageslicht-Konto *(Beobachtung/Auswertung)*

Was für die Fische das Wasser, ist für uns das Tageslicht. Wir nehmen es oft nicht bewusst wahr. Es ist während des Tages wie selbstverständlich da. Nehmen Sie sich einmal bewusst Zeit für Ihr persönliches Tageslicht-Konto.

Grundübung: In heller Jahreszeit
Machen Sie diese Übung zunächst in einer hellen Jahreszeit (Sommer, früher Herbst oder Frühjahr). Nehmen Sie sich eine Periode in Ihrem Alltagsleben (nicht Urlaub oder Krankheit) von einer Woche oder noch besser zwei Wochen vor. Protokollieren Sie in dieser Zeit genau, wie lange Sie sich zu welchen Tageszeiten im Tageslicht aufhalten. Sie können dazu den Beobachtungsbogen (s. Download) oder einfach einen Notizblock mit den entsprechenden Rubriken verwenden.

Nehmen Sie sich im Anschluss an diese Beobachtungsphase einmal in Ruhe Zeit, die Beobachtungswerte für sich auszuwerten:

- Entspricht die Dauer, in der Sie in dieser Aufzeichnungsperiode im hellen Tageslicht waren, Ihren Erwartungen?
- Wie sind Ihre Gewohnheiten? Gehen Sie regelmäßig nach draußen? Oder eher selten?
- Wie schätzen Sie Ihre Empfindungen dazu ein? Spielt die Dauer des hellen Tageslichts subjektiv überhaupt eine Rolle?
- Verdunkeln Sie nachts Ihr Schlafzimmer künstlich oder können Sie den Zeitgeber Morgendämmerung erleben?

Aufbauübung: Dunkle Jahreszeit
Machen Sie diese Übung später erneut, nun in der dunklen Jahreszeit (später Herbst, früher Winter). Einige ergänzende Fragen für Ihre Auswertung:

- Wie sind die Unterschiede zwischen den beiden Beobachtungsperioden? Wie lange sind Sie in der dunkleren Jahreszeit bei Tageslicht draußen?
- Gehen Sie üblicherweise noch in der Dunkelheit beziehungsweise in der frühen Dämmerung zur Arbeit und gehen Sie typischerweise in Dunkelheit wieder nach Hause?
- Kommen Sie zwischendurch täglich nach draußen?
- Ergeben sich Unterschiede im Wohlbefinden? Gehen Sie auch nach draußen, wenn es trüb und nasskalt ist oder vermeiden Sie das lieber?

Beachten Sie bei Ihrer Auswertung, ob Sie wirklich im Tageslicht sind oder beispielsweise im geschlossenen Pkw beziehungsweise in öffentlichen Verkehrsmitteln unterwegs sind.

Tipp: In Hatzelmann/Held 2005 (S. 171 ff.) finden Sie eine weitere dazu passende Übung: »Wecker-Los (Beobachtung/Reflexion)«.

Der **Beobachtungsbogen: Mein Tageslicht-Konto** steht Ihnen im Internet unter www.beltz.de beim Buch als Download zur Verfügung.

TAKT

»Moderne Zeiten« – neben den nach wie vor wirksamen natürlichen und sozialen Zeitgebern gibt es weitere, früher unbekannte Zeitgeber: etwa den Takt. Dieser kommt nicht einfach nur zusätzlich hinzu. Vielmehr überdeckt er vielfach die für die biologischen Rhythmen wichtigen Zeitgeber.

Der Takt hatte sich seit dem frühen 17. Jahrhundert in der Musik als Methode der Synchronisierung des Zusammenspiels der Musiker herausgebildet. In der Entwicklung des Industriezeitalters spielte der Takt als großer Synchronisator eine wichtige Rolle. Dieser klang aber ganz anders als der Takt in der klassischen Musik. Immer mehr wurde die mechanische Uhrenzeit zum Zeitgeber. Die modernen Maschinen – wie beispielsweise die Dampfmaschine – und der Takt der Eisenbahnen veränderten das Zeitempfinden. Aus den Schlachthöfen Chicagos kommend, wurde die Zerlegung der Produktion und das Fließband zum Symbol der neuen Zeit. Taylorismus, Henry Fords legendäre *Tin Lizzie* und vieles mehr beeinflussten zunehmend die Städte. Fabriksirenen gaben den Arbeitstakt vor.

Beachten Sie den »Takt«: Es handelt sich dabei um einen *neuartigen Zeitgebertyp*. Im Unterschied zum Rhythmus wird beim Takt versucht, möglichst gleichmäßig zu sein. Es kam auf mechanische Gleichförmigkeit und Kontrollierbarkeit der Zeiten an. Im Unterschied zum Rhythmus setzt der Takt starr auf die *Gleichförmigkeit der Zeiten*. Im Film »Moderne Zeiten« von Charly Chaplin (1936) können Sie diese taktförmig beschleunigte Zeitgestaltung in klassischer Form erleben. Im Übrigen mit einem *Happy end* der eigenen Art: Charly Chaplin findet am Ende den Weg aus dieser Welt der Maschinenzeit und wandert hinaus in die Freiheit.

> Beispiel aus der Beratungspraxis: Ein Klient kam wegen Herzrhythmusstörungen und Stress in meine Praxis. Später stellte sich heraus, dass er in einem Musikstudio speziell für die Programmierung von Rhythmusgeräten (Schlagzeug) zuständig war. Bei diesen Geräten gibt es eine »Human feel«-Taste. Diese stattet den elektronisch erzeugten Schlagzeugklang mit minimalen, fast nicht hörbaren Rhythmusvariationen aus, damit es nicht so »mechanisch, computermäßig« klingt. *(Elmar Hatzelmann)*

Trotz der großen Erfolge der Automatisierung und Fließbänder hatte es die Vertaktung als Zeitgeber aufgrund dieser Starrheit nicht leicht, sich auszubreiten. Deshalb ließ die Wirkungskraft bereits nach wenigen Generationen wieder nach. Der Maschinentakt war einfach zu starr und zu wenig flexibel.

Dennoch wirkt der Maschinentakt auch heute in dieser nach Flexibilität strebenden Zeit stark nach. Noch immer wird Zeit überwiegend in einer Art Zeit-Mechanik verstanden. Dies geht so weit, dass das Wissen um die Lebensrhythmen mit dem Bild der »inneren Uhr« anhand der Zeit-ist-Uhrzeit-Vorstellung verbreitet wird. Dies beeinflusst viele Menschen heutzutage selbst dann noch, wenn sie nach Ruhe und Muße streben. So wird entgegen den Erkenntnissen der Rhythmusforschung noch immer versucht, die Zeiten zu kontrollieren. Man meint, die mechanische Uhrenzeit und Zeitkontrolle einfach mit etwas Rhythmik ergänzen zu können. Dabei wird eine zentrale Erkenntnis der Rhythmusforschung verschenkt. Es wird gleichsam die Pointe übersehen:

Rhythmen vermitteln Ordnung und erlauben Flexibilität.

Das gilt für natürliche Rhythmen wie für kulturell entwickelte Rhythmen.

Übung 15: Die fünf Rhythmen der Seele *(Musik/Tanz)*

»Rhythmus ist Leben – Leben ist Bewegung«, dies steht als Motto über den Übungen von Gabrielle Roth. Als Tänzerin, Therapeutin, Musikerin und Autorin inszeniert sie experimentelles Theater, leitet Workshops und Seminare. In ihrer Arbeit als Lehrerin für Tanz und Bewegung entwickelte sie fünf zentrale rhythmische Übungen. Passend zu diesen Rhythmen hat sie Musik komponiert beziehungsweise zusammengestellt. Während der Übung hört man die Musik und tanzt dazu in freier Bewegung. Dadurch erschließt man sich spielerisch einen persönlichen, körperlichen Zugang zu den Rhythmen. Sie unterscheidet folgende fünf:

- Flowing (enthüllt die Mysterien des Weiblichen),
- Staccato (das Geheimnis des Männlichen),
- Chaos (beide Rhythmen begegnen sich und schaffen Raum für Neues),
- Lyrical (in dieser Phase entfaltet sich das Neue) und
- Stillness (zur Ruhe kommen).

In ihren Kursen werden diese fünf Rhythmen mit Musikbegleitung getanzt. Sie nennt diese Abfolge »The Wave«. Es gibt mehrere CDs, mit denen man diese Übung daheim oder mit einer Gruppe genießen kann (Gabrielle Roth & The Mirrors, Initiation, CD; siehe dazu auch Roth 2001). Wenn Sie sich mit dem Prinzip der Übung vertraut gemacht haben, können Sie eine für Sie persönlich passende Musik auswählen und die Länge je nach Stimmung variieren.

PAUSEN UND AUSZEITEN

Zeitgemäß – das ist wörtlich zu nehmen, Rhythmen sind zeitgemäß. So sollte etwa bei Veranstaltungen und Meetings aller Art das physiologische Mittagstief beachtet werden (zu ultradianen Rhythmen Zulley/Knab 2009). Stattdessen gilt es vielfach als unmodern und unwirtschaftlich, längere Zeit für Mittagspausen einzuberechnen. Alle Pausen werden in dieser Sichtweise als nicht genügend effizient genutzte Zwischenzeiten betrachtet.

Die *Einstellung zu Pausen* ist dabei, sich zu ändern. Das macht Sinn, denn nichts ist so veraltet und unwirtschaftlich, wie Grundrhythmen permanent zu missachten. Es steht nicht in unserem individuellen Belieben, wie wir mit den Zeiten umgehen. Die gesellschaftliche Bewertung etwa von Mittagsschlaf, Pünktlichkeit und Geschwindigkeit übt einen großen Einfluss auf uns aus. Deshalb ist es erfreulich, dass die Ergebnisse der Chronobiologie zum Mittagstief dem guten alten Mittagsschlaf beziehungsweise der Mittagsruhe zu einem Comeback verholfen haben. Nunmehr heißt es *Power-Napping* und ist damit in der Wertschätzung nach oben gerutscht.

Übung 16: Power-Napping (*Schlaf/Ruhe*)

Alle Menschen haben ein Mittagstief. Für einige reicht eine »normale Mittagspause«. Für andere ist eine richtige Mittagsruhe mit kurzem Nickerchen beziehungsweise Schlaf vorteilhaft. Die Beachtung des Mittagstiefs hat positive Auswirkungen auf das Wohlbefinden und die Leistungsfähigkeit sowie auf den Schlaf-Wach-Rhythmus und damit den Nachtschlaf. Manche Menschen sind geübt mit dem kurzen Mittagsnickerchen beziehungsweise Kurzschlaf, wie das Power-Napping konventionell heißt. Sie brauchen keinerlei Übungsanleitung. Chronobiologische Untersuchungen verstärken die Vermutung, dass darüber hinaus mehr Menschen als bekannt zum kurzen Mittagsnickerchen neigen (über zwei Drittel der Versuchspersonen machten bei Gelegenheit im Mittagstief einen Kurzschlaf).

Versuchen Sie, für sich herauszufinden, ob auch Ihnen Power-Napping gut tut, ganz ohne Hilfsmittel (nach: Elisabeth Kräuter, Trainerin und Coach, München).

- **Lage:** Vorteilhaft ist es, sich hinzulegen. Das geht an vielen Orten, auch im Arbeitsbereich. Ist dies nicht möglich, empfiehlt sich eine bequeme Sitzhaltung.
- **Dauer:** Es kommt nicht darauf an, wirklich einzuschlafen. Vom Augenschließen über das kurze Einnicken bis zu einem Schlaf von etwa 10–20 Minuten reicht die regenerierende Wirkung. Wichtig ist es, nicht zu lange zu schlafen. Denn sonst kommt man in eine Tiefschlafphase und braucht anschließend wieder eine längere Anlaufphase. Die Erfahrungen zeigen, dass ein kurzer Schlaf bis zu etwa einer halben Stunde sinnvoll ist. Falls einmal weniger Zeit zur Verfügung steht, kann auch eine Ruhezeit nur für einen kurzen Moment guttun. Ein Tipp: Zur Sicherheit können Sie anfangs einen Wecker stellen.
- **Zeitpunkt:** Essen Sie vor dem Nickerchen. Achten Sie auf Ihr persönliches Mittagstief. Dieses ist individuell unterschiedlich und variiert in der zeitlichen Dauer. So können Sie je nach Gegebenheiten den Mittagsschlaf zu unterschiedlichen Uhrzeiten machen und die Flexibilität der Rhythmen nutzen.

Tipp: Auch ein längerer Mittagsschlaf kann seine Vorteile haben, etwa bei einer längeren Siesta in südlichen Gefilden oder bei entsprechenden Temperaturen auch bei uns.

Man kann diese Übung auch mit Gruppen in Trainings und Workshops machen, mit Schülern beim Ganztagsunterricht ebenso wie bei ganztägigen Beratungseinheiten. Unsere Erfahrungen zeigen eine gute Wirkung auf die Gruppendynamik.

Pausen wirken positiv auf unser *Wohlbefinden* und unsere *Leistungsfähigkeit*. Auch im Berufsleben wird diese Erkenntnis immer häufiger berücksichtigt, nicht nur beim Mittagsschlaf. In manchen Firmen gibt es mittlerweile Sabbaticals. Auch wenn es Männern immer noch schwerer fällt als Frauen, eine Babypause einzulegen, so steigt doch die gesellschaftliche Akzeptanz für den Wunsch vieler Männer, mehr Zeit mit ihren Kindern verbringen zu können. Dieser gesellschaftliche Bedeutungswandel fördert die Akzeptanz von Pausen.

Auszeiten können so unterschiedlich sein wie die Tradition der »Wüstentage« in Klöstern, »Auszeit« (Time-out) in Sportarten wie Basketball sowie Zeiten von Krankheit und Trauer.

Zwei Arten von Pausen sind zu unterscheiden: Erstens regelmäßig rhythmisch wiederkehrende Pausen; zweitens zusätzliche Auszeiten, die unterschiedlichste Gründe haben können: ein überraschendes Wiedersehen; das Gefühl, über etwas in Ruhe nachdenken zu wollen; das Empfinden, für den Körper eine zusätzliche Regenerationszeit zu benötigen; Trauerzeit.

Wenn wir für Rhythmen und Auszeiten sensibel geworden sind, verstehen wir: Wir können funktional vieles entsprechend der Uhrzeit organisieren und koordinieren. Die *gelebte, individuell einmalige Zeit* hingegen können wir nicht beliebig hin- und herschieben. Regelmäßige Pausen sind im rhythmischen Tagesablauf ebenso wichtig wie gelegentlich zusätzliche Auszeiten.

Übung 17: Von Katzen lernen *(Tierbeobachtung)*

Haiku
*»Die Katze hat geschlafen:
Sie streckt sich, gähnt und geht
auf Liebe aus.«*
(Issa, aus Krusche 1994)

Siesta, Ruhe, Aktivität – Katzen eignen sich ideal dazu, entsprechende Zeitkompetenzen zu üben und zu pflegen. Sie können sich entspannen, äußerst konzentrieren, völlig in Ruhe verharren, um im nächsten Moment loszuspringen. Nehmen Sie sich Zeit, das Verhalten einer Katze genau wahrzunehmen und sich aufmerksam darauf einzulassen.

Nachfolgend finden Sie beispielhaft einige typische Verhaltensweisen von Katzen. Achten Sie darauf, wie unterschiedlich die Katzen sein können, wie entspannt, konzentriert und schnell: Reiben des Kopfes an Gegenständen, Nase an Nase von anderen reiben, völlig entspannt auf dem Rücken oder der Seite liegen, völlige Ruhe noch wach, tiefer/entspannter Schlaf, dösen, ausstrecken, ganz ruhig wachsam sitzen, äußerste Konzentration, plötzliches Losspringen, unruhig umherlaufen, langsames geducktes Gehen, Mäusen und anderen Tieren hinterherjagen, an der Tür hochspringen, Spielen mit Wolle und Bällen, Hin- und Herbewegen der Schwanzspitze, Kopf hoch strecken und dann zurückziehen, neugieriges Begutachten von ungewohnten Dingen, Wohlgefühl und Zufriedenheit.

Interessant sind dabei auch die Laute: Knurren (Futter/Spielzeug verteidigen), Fauchen (Drohgebärde), Jaulen (Schmerz), Gurren (Freude), Schnurren (Zufriedenheit), Gähnen (Beschwichtigung), leichter Atem (beim Schlafen).

Nehmen Sie sich Zeit, über Ihre Beobachtungen nachzudenken:

- Was mutet Sie bei der Beobachtung von Katzen besonders an?
- Was davon betrifft welche Zeitaspekte?
- Welche Anregungen können Sie für Ihren Umgang mit Zeit aufnehmen (beispielsweise zur Ruhe kommen, Konzentration, Präsenz, Übergänge zwischen verschiedenen Zeitmodi)?

Tipp: Diese Übung ist gut auf unterschiedlichste Gruppensituationen übertragbar. Beispielsweise können Jugendliche die Übung mit ihrem Haustier machen.

RHYTHMUS-GRUNDREGELN

»Rhythm is it« ist ein vielfach prämierter deutscher Dokumentarfilm (2004) mit den Berliner Philharmonikern unter Simon Rattle. In einem Projekt mit 250 Kindern und Jugendlichen entwickelten diese unter Anleitung des Tanzpädagogen Royston Maldoom Körpergefühl und Rhythmus. Lassen Sie sich von diesem Film für Ihre eigene Weiterentwicklung inspirieren.

Rhythmen zusammenzufassen ist leichter, als man zunächst annehmen könnte: Pausenlos nonstop aktiv zu sein schadet. Rhythmisch organisierte Pausen strukturieren Zeit, geben Struktur und Flexibilität. Achtsamkeit auf besondere Auszeiten kommt dazu. Dabei werden nicht nur wie in neueren Entwicklungen des Zeitmanagements Tage und Wochen beachtet. In der folgenden Übung laden wir Sie ein, sich auf das ganze Rhythmusspektrum – angefangen von ultradianen Rhythmen bis hin zum Jahres- und Lebensrhythmus – einzulassen. Ebenso wird zwischen eigenen Rhythmen und Rhythmusempathie unterschieden.

Übung 18: Rhythmen ins Leben bringen *(Regeln)*

Sie erinnern sich an ein Grundproblem von Zeitmanagementmethoden: Wir können nicht alles vollständig und exakt planen. Die Ansätze behelfen sich etwa mit Pufferzeiten und »Terminen mit sich selbst«. Vereinzelt finden sich Hinweise, bei der Tagesplanung auf die biologischen Rhythmen zu achten. Wir schlagen Ihnen vor, bei der Planung Unsicherheit und Unvorhersehbares nicht als »Störung« zu bekämpfen. Gehen Sie vielmehr von den Rhythmen und deren organisierenden Flexibilität aus. Aus der Rhythmusforschung lassen sich Grundregeln für Tages und Wochenplanung ableiten. In die Regeln und Erläuterungen gehen Erkenntnisse mit ein, die im folgenden Kapitel »Eigenzeiten« näher ausgeführt werden.

Selbstverständlich hängt die Detailumsetzung von Ihren jeweiligen zeitlichen Spielräumen und Vorgaben ab. Dazu empfiehlt es sich, Ihrer Umgebung ausdrücklich mitzuteilen, dass sich die Beachtung der Rhythmen auf Wohlbefinden und Leistungsfähigkeit sowie längerfristig auf die Gesundheit positiv auswirkt. Wenn Sie bereits eine Tages- und Wochenplanung machen, können Sie die folgenden Regeln miteinbeziehen. Andernfalls können Sie auch nur einzelne, Sie besonders ansprechende Regeln beachten.

Tipp: Diese Übung ist je nach Kontext, etwa Supervision, Einzel-Coaching, Berufsschule etc. jeweils zu spezifizieren.

Rhythmus – Grundregeln für die Tages- und Wochenplanung
1. **Ultradian:** Achten Sie darauf, dass Sie in der Regel genügend Pausen haben.
2. **Tagesrhythmus:** Beachten Sie Ihre eigenen Rhythmen im Tagesverlauf und im Tag-Nacht-Rhythmus.
3. **Wochenrhythmus:** Finden Sie für sich einen geeigneten Wochenrhythmus.
4. **Monatsrhythmus:** Seien Sie für Unterschiede im Ablauf der Monate und im Jahresgang aufmerksam.
5. **Jahresrhythmus:** Beachten Sie bei den Zeiten der Tages- und Wochenplanung den Jahresgang.
6. **Lebensrhythmus:** Beachten Sie bei Ihrer Planung, dass sich im Rhythmus der Lebensjahre und der Phasen des Lebensalters Verschiebungen ergeben.
7. **Ausbildung/Arbeit/Beruf:** Finden Sie einen passenden Rhythmus für die Aufgaben in der Ausbildung, im Beruf und in der Familie.
8. **Rhythmusempathie:** Beachten Sie bei Ihrer Planung auch die Rhythmen derjenigen, mit denen Sie zusammenarbeiten.
9. **Planung/Flexibilität:** Verplanen Sie nicht den gesamten Tag und die gesamte Woche, sondern erhalten Sie sich die Flexibilität, die Sie zur Aufrechterhaltung der Rhythmen brauchen.

Erläuterungen zu den Grundregeln

Zu 1. Ultradian: »In der Regel« schließt nicht aus, dass Sie gelegentlich einen dichteren Kalender haben und flexibel auf Anforderungen reagieren. Im Gegenteil, dies ist das Wesen des Rhythmus. Vermeiden Sie dagegen die permanente Minimierung von Pausen. Vermeiden Sie, Pausen »irgendwie irgendwann« dazwischenzuschieben, ohne auf die Tagesrhythmik zu achten.

Zu 2. Tagesrhythmus: Je nach circadianem Typ sind geeignete Zeiten für Aktivitäten und Pausen, Mittagsruhe und so weiter recht unterschiedlich. Finden Sie für sich Ihren circadianen Typ heraus.

Zu 3. Wochenrhythmus: Ein wöchentlicher Grundrhythmus gibt eine gewisse Struktur und Ordnung, aus der Kraft für beanspruchende Aufgaben und unvorhersehbare Herausforderungen geschöpft werden kann. Achten Sie bei aller Flexibilität auf eine gewisse Regelmäßigkeit.

Zu 4. Monatsrhythmus: Die Mondmonate sind gegenüber dem Sonnen-Jahreskalender verschoben. Es empfiehlt sich auch in unserer Kultur, für diesen zwischen Woche und Jahr gelegenenen Rhythmus offen zu sein und diesen bei der Tages- und Wochenplanung zu berücksichtigen. Das bekannteste Beispiel ist der Menstruationszyklus.

Zu 5. Jahresrhythmus: Viele Menschen können im Sommer aufgrund der Helligkeit am Morgen bereits früher produktiv sein und mit Freude arbeiten. In der dunkleren Jahreszeit sind andere Zeiten angesagt. Achten Sie unter anderem darauf, in der dunkleren Jahreszeit regelmäßig genügend im Tageslicht zu sein.

Zu 6. Lebensrhythmus: Dies ist bei den einzelnen Menschen sehr unterschiedlich. Entwickeln Sie für sich persönlich eine Sensibilität etwa bei Veränderungen im Schlafrhythmus.

Zu 7. Ausbildung/Arbeit/Beruf: Ebenso empfiehlt es sich, die schulischen, beruflichen und familiären sowie sonstigen Tätigkeiten nicht permanent neu zu planen. Nutzen Sie vielmehr die ordnende Flexibilität von Rhythmen, um einen geeigneten Grundrhythmus für die beruflichen und familiären Anforderungen zu finden. Nutzen Sie zugleich diese Flexibilität auch, wenn etwa während der Schulferien der Kinder oder bei Besuchen andere Bedingungen gegeben sind.

Zu 8. Rhythmusempathie: Manche versuchen, ihre eigene Zeitplanung zu perfektionieren und übersehen dabei, dass es ebenso wichtig sein kann, sich mit den Zeiten der anderen abzustimmen. Das ist etwas völlig anderes, als die eigenen Zeitprobleme zu »delegieren«, das heißt, auf andere abzuschieben.

Zu 9. Planung/Flexibilität: Finden Sie für sich persönlich heraus, wie viel Planung und wie viel Offenheit für Sie persönlich angemessen ist. Dies ist etwas völlig anderes, als hierfür bestimmte Zeiten vorab zu fixieren. Lassen Sie sich Luft zum Atmen. Dies erhöht die Möglichkeit, kurzfristig sich ergebende Chancen zu ergreifen sowie sich abzeichnende Risiken und akute Probleme umgehend entschlossen anzupacken.

Tipp: Machen Sie diese Übung nochmals, nachdem Sie die nachfolgenden Überlegungen zu Eigenzeiten, Zeitempathie und Bewegung gelesen haben.

Eigenzeiten

EIGENRHYTHMEN

Wir Menschen sind verschieden. Im Alter, im Temperament, in der Größe, der Haarfarbe, den Vorlieben und bei den Fähigkeiten unterscheiden wir uns. Wir sind auch temporal unterschiedlich.

Manche unserer Zeiteigenschaften sind uns vertraut, andere weniger. Manche zeitlichen Eigenschaften unserer Mitmenschen kennen wir, andere nicht. Viele unserer Eigenzeiten sind den Unterschieden der inneren Organe des Menschen vergleichbar. Diese sind nicht so leicht erkennbar wie die äußerlich sichtbaren Merkmale. Es ist vorteilhaft, wenn wir uns auf diese temporalen Tiefenschichten und die Vielfalt der Eigenzeiten einlassen.

Zunächst zu den *Eigenrhythmen*: Welche temporalen Eigenschaften kommen Ihnen hierzu in den Sinn? Relativ bekannt ist die Unterscheidung der Menschen in »Lerchen« und »Eulen« (siehe dazu Zulley/Knab 2009).

Morgenmenschen haben einen kurzen circadianen Rhythmus. Dieser liegt bei ihnen in der Regel nur leicht über 24 Stunden. Sie sind morgens bereits früh munter (»Lerchen«). Selbst wenn sie abends spät zu Bett gehen, wachen sie vergleichsweise früh auf. Sie tun sich mit Schichtarbeit schwer und sollten daher Nacht- und Wechselschichten meiden.

Abendmenschen haben ohne Außeneinflüsse eine deutlich längere circadiane Periode. Diese kann 26 Stunden und mehr betragen. Ihr Rhythmus ist im Tagesablauf verschoben. Sie sind noch weit in den Abend beziehungsweise sogar bis in die Nacht hinein aktiv (»Eulen«). Daher sind sie geeigneter für Abendschichten. Ausgenommen sind Nachtschichten über längere Jahre hinweg. Denn der Tiefpunkt der Körpertemperatur in der späten Nacht und am sehr frühen Morgen sollte von allen Menschen beachtet werden. Es existiert eine große Streubreite unserer inneren Wach-Schlaf-Rhythmik (zum Schlaf aus chronobiologischer Sicht Zulley/Knab 2003).

Unsere bisherigen Aussagen gelten für gesunde, erwachsene Menschen zwischen etwa 20 und 60 Jahren. Zugleich stellen wir im *Altersablauf* gewisse Regelmäßigkeiten fest. Wenn Kinder auf die Welt kommen, bringen sie zunächst nur das Potenzial für diesen grundlegenden circadianen Rhythmus mit. Anfänglich sind aber die darunterliegenden kürzeren (ultradianen) Rhythmen bei ihnen noch stärker, insbesondere der Vier-Stunden-Rhythmus. Mehr oder weniger schnell wird bei den Kleinkindern dann das Potenzial der circadianen Rhythmik realisiert – eine Erleichterung für den Schlafrhythmus der Eltern.

Machen wir einen Sprung zu den Jugendlichen und zu den jungen Erwachsenen. Diese tun sich – unabhängig davon, ob sie im Grunde Morgen-, Tag- oder Abendmenschen sind – für einige Jahre relativ leicht, ihr tägliches Aktivitätsmuster in Richtung Abend zu verschieben. Für die Leistungs- und Aufnahmefähigkeit ist dies angesichts der in Deutschland zumeist sehr früh beginnenden Schulzeiten nicht immer förderlich. Im Prinzip sind dies die einzigen Jahre im Leben, die aus chronobiologischer Sicht für Abendschichten geeignet sind – was beide Autoren aus eigener Erfahrung mit Schichtarbeit in diesem Alter bestätigen können. Interessant ist auch die individuelle Streuung im Erwachsenenalter. In den Folgejahren setzt sich in der Regel die Veranlagung zur zeitlichen Lage des Wach-Schlaf-Rhythmus durch (Morgen-/ Tag-/Abendmensch). Bei manchen Menschen lässt die ausgeprägte circadiane Rhythmik bereits ab einem Alter von etwa 40 Jahren nach. Mit 50 setzt dieser Prozess bei den meisten Menschen langsam ein. Zugleich gibt es aber 60-Jährige, bei denen der circadiane Grundrhythmus immer noch sehr stark ist. Es ist vorteilhaft, wenn wir diese Entwicklung beim Altern verstehen und beachten. Ein etwas flacher werdender Schlaf ist mit zunehmendem Alter normal. Die Spannkraft des Rhythmus ist nicht mehr ganz so stark. Manche beunruhigen sich darüber. Aber erst diese Beunruhigung aus Unwissenheit über die natürliche Veränderung macht dann das eigentliche Problem aus.

Wir können auch mit zunehmendem Alter gut schlafen, und wir können dafür etwas tun. Vorausgesetzt: Wir achten auf die natürlichen Zeitgeber und auf eine gewisse Regelmäßigkeit in unserem Tagesablauf. Dies schließt hin und wieder lange Abende keineswegs aus. Im Gegenteil, diese können für das Gefühl des Zeitwohlstands förderlich sein. Es sind dann Ausnahmen in einem rhythmischen Grundmuster, die unser Wohlbefinden und damit einen guten Schlaf fördern. Dies entspricht dem im Kapitel »Rhythmen« eingeführten Grundmerkmal von Rhythmen – einer flexiblen Ordnung.

Ein weiterer Grundrhythmus ist das bekannte *Mittagstief*, das alle Menschen mehr oder wenig ausgeprägt haben. Je nach circadianem Typ kann diese Phase bis in den Nachmittag hinein variieren. Im beruflichen Alltag haben viele Menschen nicht die Möglichkeit, zu dem für ihren Typus geeigneten Zeitpunkt eine Mittagsruhe zu halten. Viele meinen auch nur, dass sie diese Möglichkeit nicht hätten. Andere übergehen ihr Mittagstief mit koffeinhaltigen Getränken. Experimente zeigen, dass weit über die Hälfte zu einem kurzen Mittagsschlaf neigt, wenn sie die Gelegenheit dazu hätte. Für sie ist erst eine Mittagsruhe mit einem kurzen Nickerchen beziehungsweise Mittagsschlaf erholsam. Dieser »Siestatyp« kommt nicht nur im Süden, sondern auch in unseren Breitengraden recht häufig vor (s. S. 76 f.).

Wie beim Wach-Schlaf-Rhythmus ist der Einfluss des Lebensalters interessant. Kleinkinder haben eine mehr oder weniger ausgeprägte Tendenz zu einem längeren Mittagsschlaf. Diese Disposition ist kulturell überformbar. Nach einigen Jahren ist bei allen Kindern die Neigung zum Mittagsschlaf verschwunden. Ab der Pubertät bildet sich dann langsam der individuelle Typ der Mittagsruhe aus. Bei manchen ist es eine kleine Ruhepause, und bei anderen ist es eine kürzere Mittagsruhe mit Nickerchen oder kurzem Schlaf (s. Übung 16, S. 77).

Fundstück: »Kinder zwischen acht und zwölf sind nämlich die einzigen, die mittags grundsätzlich nicht schlafen.« (Zulley/Knab 2009, S. 55)

Lerchen, Eulen, Siestatypen – bei den Schlafphasen gibt es eine große Streuung. In der *Schlafdauer* sind wir Menschen ähnlich unterschiedlich. Für gesunde Erwachsene gilt: Das Verhältnis von Wachen und Schlafen liegt ungefähr in der Größenordnung von 2 zu 1. Die individuelle Schwankungsbreite der angemessenen Schlafdauer ist dabei relativ groß. Es gibt echte Langschläfer, die im Schnitt mehr als neuneinhalb Stunden schlafen. Einen Durchschnitt von siebeneinhalb bis acht Stunden findet man häufig. Zugleich gibt es echte Kurzschläfer, die im Durchschnitt weniger als sechs Stunden schlafen. Die Zuordnung zu Lang- und Kurzschläfern erfolgt aus chronobiologischer Sicht nur, wenn die Betroffenen sich dabei wohlfühlen und einen guten Schlaf haben.

Die durchschnittliche Eigenschlafdauer hilft uns, die unterschiedlichsten Einflüsse auf unsere biologischen Rhythmen zu verstehen. Es handelt sich um Rhythmen. Das klingt zwar trivial, aber es hat eine wichtige Konsequenz: Einmalige Abweichungen sind, wenn wir gesund sind und einen guten Schlaf haben, kein Problem. Im Gegenteil kann ein besonderer Anlass, etwa ein Fest, unserem Befinden guttun. Nur wenn wir dauerhaft versuchen, mehr aus der Nacht »herauszuholen«, kann dies tagsüber zu Unaufmerksamkeit und schlechter Laune führen und zugleich das Immunsystem schwächen.

Erinnern Sie sich an die Aussage des Evolutionsbiologen Christian Vogel: »Wir Menschen sind an der langen elastischen Leine der Evolution.« Mit anderen Worten, die biologischen Rhythmen sind stark gesellschaftlich überformbar. Wir können sogar versuchen, auf Dauer »Zeit zu sparen«, indem wir kürzer schlafen. Dies ist bis zu einem gewissen Grad möglich, hat aber seinen Preis. Wir müssen dann mit nachlassender Leistungsfähigkeit, schlechter Stimmung und negativen gesundheitlichen Folgen rechnen. Es gibt Zeitbudgetstudien, in denen die Aktivitäten einschließlich Ruhe und Schlaf zeitlich erfasst werden. Die Ergebnisse deuten darauf hin, dass in den Industriestaaten im Laufe der letzten Jahrzehnte die durchschnittliche Schlafdauer abgenommen hat. Es ist zu vermuten, dass ein Teil der Bevölkerung inzwischen die Flexibilität überstrapaziert: »*Sie schlafen zu wenig*« (Coren 1999).

In unseren Breitengraden gibt es einen gewissen Einfluss des *Jahreszeitenrhythmus* auf die Dauer des gesunden Schlafs. Im Unterschied zu früheren Generationen wird dies seit der Einführung des elektrischen Lichts und weiterer technischer Innovationen wie etwa des Fernsehens zunehmend kulturell überspielt. Inwieweit dies negative Auswirkungen hat, ist noch nicht geprüft. Sicher ist dagegen: Wir Menschen sind in unserem Nachtschlaf von der jahreszeitlichen Variation des Hell-Dunkel-Rhythmus unterschiedlich stark abhängig. Es gibt einen Anteil von Menschen, die eine länger anhaltende biologische Finsternis (s. S. 70 ff.) einigermaßen robust abpuffern können. Ebenso eindeutig ist, dass ein gewisser Anteil auf entsprechende Bedingungen mit einer Stimmungseintrübung bis hin zu abnehmendem Aktivitätsantrieb reagiert. Bei einem kleinen Prozentsatz kann dies sogar zu einer jahreszeitlich bedingten Depression führen (»Winterdepression«).

Es gibt Menschen, die auf den Zeitgeber Tageslicht besonders sensibel ansprechen. Daher sollte man sich diesbezüglich selbst kennen und entsprechend handeln. Halten Sie sich regelmäßig im Tageslicht auf und bewegen Sie sich im Freien bei Licht. Dies gilt auch für die beim Hell-Dunkel-Rhythmus Robusteren.

Folgerungen für die Zeitkompetenz

- Individuelle Rhythmen variieren gemäß den Chronotypen in großer Bandbreite.
- Nutzen Sie die Erkenntnisse über temporale Typen, um Ihre persönlichen Eigenrhythmen besser kennenzulernen.
- Achten Sie auf Ihren persönlichen Wach-Schlaf-Rhythmus.
- Berücksichtigen Sie die Einflüsse des Alters und der Jahreszeiten auf Ihre Eigenrhythmen.
- Beachten Sie Ihre Eigenrhythmen, denn diese wirken sich positiv auf Ihre Leistungsfähigkeit, auf Ihr Wohlbefinden und Ihre Gesundheit aus.

Übung 19: Meine Eigenrhythmen *(Beobachtung/Reflexion)*

Nehmen Sie sich Zeit, ihre Eigenrhythmen näher kennenzulernen. Als Einstieg bietet sich der Tag-Nacht- beziehungsweise Aktivitäts-Schlaf-Rhythmus an. Je nach Neigung können Sie die Übung in folgenden Formen machen:

- als Tagebucheintrag,
- mit dem Beobachtungsbogen oder
- als Gedankenspiel.

Grundübung
Nehmen Sie sich für die Übung eine oder zwei Wochen Zeit. Überlegen Sie sich die von Ihnen bevorzugte Form. Halten Sie vor Beginn der Übung fest, welchem Typ Sie sich selbst zuordnen: Ausgeprägter Morgen-, früher Tag-, Tag-, später Tag-, ausgeprägter

Abendmensch. Halten Sie auch an ihren Gewohnheiten fest (Wecker, Verdunkelung und so weiter). Beobachten Sie dann in dieser Zeit Ihre Schlaf- und Müdigkeitszeiten (s. S. 73).

Auswertung
- Inwieweit stimmen Ihre Erfahrungen in dieser Zeit mit Ihren Erwartungen und Eigeneinschätzungen überein?
- Welche überraschenden Erfahrungen haben Sie gemacht?
- Was waren hierfür mögliche Gründe?
- Hat dies mit Ihrem Lebensalter zu tun?

Tipp: Sie können auch ergänzend Ihre typische Schlafdauer auswerten und ergänzend die Übung 14 zu Ihrem Tageslicht-Konto machen. Weitere Informationen zum Thema Schlaf und Zeiten finden Sie bei der Deutschen Akademie für Gesundheit und Schlaf; www.dags.de

Aufbauende Übung
Falls Sie Lust haben, können Sie diese Übung auch variieren.

Ein Beispiel: Wenn Sie wiederholt erkennbar früher müde werden als zu Ihrer üblichen Schlafenszeit, bietet sich folgende Variation an: Gehen Sie unabhängig von der Uhrzeit dann ins Bett, wenn Sie müde werden. (Ein Freund erzählte, dass er häufig abends gegen 21 Uhr sehr müde wird. Sein Kommentar: »Man kann doch um diese Zeit nicht ins Bett gehen.« Seit einiger Zeit geht er nun doch zu dieser Zeit zu Bett, wacht früher auf und genießt den Morgen.)

Oder Sie variieren Ihre Einschlafroutine (zum Beispiel Gespräch, Bücherlesen, Gymnastik, Spaziergang, Tagesrückschau, Meditation, Musikhören). Spüren Sie nach, bei welchen Gelegenheiten Ihnen das Einschlafen leichter beziehungsweise schwerer fällt.

Ebenso können Sie, abhängig von Ihrem Arbeitsbeginn beziehungsweise häuslichen Verpflichtungen, die Aufstehzeiten verändern. Achten Sie darauf, ob es Ihnen gelingt, ohne Wecker zur richtigen Zeit aufzuwachen. Können Sie sich an Träume erinnern? Falls dies während der Woche nicht möglich ist, versuchen Sie es an Wochenenden.

Natürlich kann man gleichermaßen andere Rhythmen, wie etwa den Jahresrhythmus und dessen Bedeutung für die eigenen Zeiten, über einen längeren Zeitraum bewusst erleben. Unternehmen Sie regelmäßig einen Spaziergang auf dem gleichen Weg. Beobachten Sie die großen und kleinen Veränderungen der Natur im Laufe der Jahreszeiten (Bäume, Pflanzen, Temperatur, Sonneneinstrahlung). Versuchen Sie zu erspüren, ob Sie in der dunklen Jahreszeit stimmungsanfälliger sind als im Sommer.

Auch den Beobachtungsbogen »Eigenrhythmus des Nachtschlafs« können Sie im Internet herunterladen (www.beltz.de).

EIGENGESCHWINDIGKEITEN

Temporal robuster – das Stichwort ist schon einmal gefallen. Könnte es sein, dass wir zwar auf unsere Eigenzeiten achten sollten, dass aber zugleich auf gesellschaftlicher Ebene diejenigen Vorteile haben, die mit der Beschleunigung Schritt halten können? Und alle anderen versuchen müssen, mehr schlecht als recht hinterherzukommen?

Auf den ersten, schnellen Blick könnte es den Anschein haben. Wir können zwar die Rhythmen überspielen, klüger ist es aber, die Flexibilität der Rhythmen zu nutzen. Ebenso verhält es sich mit den *Eigengeschwindigkeiten*. Alles möglichst schnell, immer, pausenlos – *high speed fits all* – ist nicht vorteilhaft.

Entgegen dem beliebten Schnell-langsam-Muster sind die Eigengeschwindigkeiten sehr differenziert. Illustrieren wir dies am Beispiel der körperlichen Schnelligkeit.

> Aus dem Sport und den Sportwissenschaften wissen wir: »Schnelligkeit« an sich gibt es nicht. Vielmehr hat die kurze Distanz im Vergleich zu langen Strecken andere Anforderungen. Dies ist mit dem Unterschied zwischen dem Sprinter (Gepard) und den Langläufern (Elch und Bison) im Tierreich vergleichbar. Die individuellen Streuungen sind offenkundig auch stark altersabhängig. Höchstleistungen für kurze Strecken werden im Sport in relativ jungen Jahren erbracht. Dagegen erreichen Sportler für Mittel- und Langstrecken ihre Höchstleistungen erst später. Diese Sportarten können länger auf hohem Niveau ausgeübt werden.

Diese Differenzierung gilt nicht nur für den Sport beziehungsweise für körperliche Geschwindigkeiten, sondern ganz allgemein für Tempi: Es ist auf der einen Seite zu unterscheiden zwischen Schnelligkeit für kurze Zeit und auf der anderen Seite für lang anhaltende Perioden. Es gibt kaum Menschen, die beides gleichermaßen gut beherrschen. Davon zu unterscheiden sind wiederum Reaktionsgeschwindigkeiten. Es gibt bestimmte Aktivitäten, bei denen es weniger auf die maximale Geschwindigkeit ankommt (sei es kurz- oder langzeitig) als vielmehr darauf, möglichst rasch zu reagieren. Manche Men-

Fundstück: »›Du bist der Langsamste.‹ John freute sich. Seine Besonderheit war erwiesen. ›Das ist eine sehr wichtige Verschiedenheit der Menschen‹, sagte Dr. Orme. ›Diese Entdeckung wird noch viel Nutzen bringen‹«.
(Sten Nadolny, Die Entdeckung der Langsamkeit, 1983/2009)

schen können sehr schnell sein, benötigen aber eine längere Anlaufphase. Andere können fast »aus dem Stand heraus« auf Touren kommen.

Menschen, die an vergleichbare Aufgabenstellungen mit verschiedenen Eigengeschwindigkeiten herangehen, können auf ihre Art zu sehr guten Ergebnissen kommen – *auf ihre Art!* Das Grundproblem bestand in der Anfangseuphorie allgemeiner Beschleunigungs- und Pausenlosigkeitsfantasien der 1980/90er-Jahre darin, dass eine Standardisierung als vorteilhaft und wirtschaftlich effizient dargestellt wurde: Alle sollten möglichst nonstop schneller werden. Vielleicht kennen Sie den antiken Mythos vom Prokrustes-Bett. Darin werden alle individuellen Unterschiede vereinheitlicht, indem den unterschiedlich großen Menschen die Gliedmaßen abgehackt werden. Damit passten sie dann trotz der großen Streuung alle in die vorgegebenen Maße des Bettes (»*One size fits all*«).

> Manche Menschen sind in bestimmten Tätigkeiten – etwa mechanischem Tippen – sehr schnell. Andere Menschen tun sich im Auffassen komplexer Sachverhalte leicht und sind in der Bearbeitung entsprechender Aufgaben erheblich schneller als andere.

> Aus der Geschichte von John Franklin, wie sie Sten Nadolny mit seinem Roman »Die Entdeckung der Langsamkeit« popularisierte, können wir lernen: Die Langsamkeit von John war genauso wichtig, wie die Schnelligkeit mancher seiner Mitschüler für die Ballspiele der Kindheit vorteilhaft war. John wurde Seemann auf großen Segelschiffen. Dabei musste er lernen, mit seiner Langsamkeit umzugehen. Er war damit so erfolgreich, dass er es schließlich zum Kapitän und Leiter berühmter Expeditionen in die Antarktis brachte. Seine langsame Eigengeschwindigkeit war im Zusammenspiel mit den höheren Eigengeschwindigkeiten der Besatzungsmitglieder erfolgreich.

Nicht anders ist es heute mit neuen technischen Möglichkeiten und Anforderungen. Menschen sollten sich Zeit nehmen, ihren spezifischen Talenten und ihren Eigenzeiten entsprechende Aufgaben zu finden und dies zu beherzigen. Das ist Erfolg versprechender, als alle in Richtung beschleunigter Flexibilität zu trimmen.

Dies wird zudem durch Erfahrungen gestützt, wie sie John Franklin machte: Die Unterschiedlichkeit in den Eigengeschwindigkeiten ist kein Nachteil. Sie ist vielmehr für Aufgabenfelder vorteilhaft, in denen unterschiedliche zeitliche Anforderungen auftreten. Diese Vielfalt fördert oft, wie bei John Franklin und seiner Mannschaft, das erfolgreiche Zusammenspiel.

> **Literaturtipp:** Zur Einstimmung in die Thematik empfiehlt sich Nadolnys Roman »Die Entdeckung der Langsamkeit«. Zur Vertiefung eignen sich die Bücher von Reheis (2003, 2008).

Die Folgerungen aus diesen Überlegungen zu den Eigengeschwindigkeiten für Zeitkompetenz können Sie ganz analog zu den Eigenrhythmen selbst für sich persönlich ableiten.

SIMULTANTIN UND SEQUENZIALIST

Mehr gleichzeitig machen, um mehr aus der gleichen Zeit herauszuholen. Was ist damit gemeint? Alles in der Gegenwart geschieht gleichzeitig. Das war schon zu allen Zeiten so. Wenn das so ist, was aber ist dann genau damit gemeint? Wie beschrieben, ermöglichen Eisenbahn und elektrische Beleuchtung historisch eine neue Qualität im Umgang mit den Zeiten. Mit Telefon, Radio, Fernseher, Computer, Internet, Mobiltelefonen und Laptop können wir zum ersten Mal in der Geschichte physisch an einem Ort und gleichzeitig virtuell an weit entfernten Orten sein (dazu Schneider/Geißler 1999).

Am Aufstieg des Begriffs Echtzeit (*real time*) lässt sich das Neuartige nachvollziehen.

Durch »*Live*-Übertragungen«, ein anderes Schlüsselwort aus dieser neuartigen Gleichzeitigkeitswelt, änderten sich raumzeitliche Zuordnungen. Durch den Computer und das Internet steigerten sich Informations-, Austausch- und Fernwirkungsoptionen in atemberaubender Geschwindigkeit, und das Potenzial für räumlich-zeitlich entfernte Gleichzeitigkeiten wächst exponenziell an: *Die Ferne kommt näher.* Das Handy ist das Symbolgerät für diese moderne Form der Gleichzeitigkeit.

Wir können in dieser Welt multipräsent sein: hier und gleichzeitig online an entfernten Orten. In Echtzeit sind wir in einen sehr großen Einzugsbereich eingebunden.

Karlheinz A. Geißler war der Erste, der die vielfältigen Beobachtungen zu dieser durch Informations- und Kommunikationstechniken bedingten Begünstigung der Gleichzeitigkeit auf den Begriff brachte: Wir erleben in der Multioptionsgesellschaft die Herausbildung und Verbreitung moderner *Simultanten* (Geißler 2002a). Die von ihm angeführten Beispiele, die wir erweitert haben, belegen den Trend des »Alles gleichzeitig und sofort«.

Fundstück: »Multitasking: Palm zeigt, wie es geht. […] Sie können mehrere Programme parallel nutzen und haben so Job und Privates stets im Blick.« (Werbung der Firma Palm, Februar 2010)

Beispiele für moderne Formen der Gleichzeitigkeit
- Frühstücken beim Autofahren, im Bus oder in der Straßenbahn.
- Kauf beziehungsweise Verkauf von Aktien beim Anstehen in Kinoschlange veranlassen.

> - Telefongespräch bei Tempo 170 auf der Autobahn.
> - Hörbuch nutzen, während man Möbel zusammenbaut.
> - Zeitung lesen, E-Mail versenden, Einsatz Rasensprenger kontrollieren, CNN/n-tv schauen, Sprecher zuhören und gleichzeitig Infoband lesen.
> - Multitasking mit Laptop oder Handy unterwegs am Flughafen oder im Einkaufszentrum.
> - SMS schreiben, Musik hören vom MP3-Player über Knopf im Ohr und gleichzeitig am Referat weiterarbeiten.
>
> (Nach: Geißler 2002a)

Die Menschen sind nicht nur in ihren Geschwindigkeiten und Rhythmen unterschiedlich. Auch bei der Tendenz zu diesem neuartigen Typus sind sie verschieden. Forschungen belegen, dass wir mehrere Eindrücke gleichzeitig wahrnehmen können (Pöppel 2008). Wenn wir etwa einen Menschen neu kennenlernen, setzt das Gehirn aus einzelnen Komponenten einen Gesamteindruck zusammen. Wenn das Gehirn jedoch auf die Wahrnehmungen auch Reaktionen entwickeln muss, scheitert jeder Versuch von Gleichzeitigkeit. Das Einströmen von zu vielen Aufgaben gleichzeitig ins Gehirn verursacht einen Entscheidungsstau. Zwei Regionen im präfrontalen Cortex, die für die Auswahl der richtigen Entscheidung zuständig sind, funktionieren wie ein Flaschenhals und entschleunigen den gesamten Prozess.

Multitasking im wirklichen Sinne ist bei Tätigkeiten mit vergleichbaren Anforderungen nicht möglich – so könnte man die Forschung zusammenfassen (dagegen geht beispielsweise sehr wohl Bügeln und zugleich Radiohören). Simultanten gibt es in diesem Sinne nicht wirklich. Es gibt jedoch große Unterschiede in der Möglichkeit, schnell zwischen Aufgaben hin- und herzuspringen (*switchen*). Bei einigen Aufgaben sind Frauen darin signifikant besser als Männer, deshalb schreiben wir auch von der Simultantin.

Die Gehirnforschung belegt: Das Einschätzen zeitlicher Abfolgen ist die Voraussetzung für die Koordination von Aktivitäten (vorher/nachher; vergangen/gegenwärtig/zukünftig; Beachtung von Phasensequenzen und Un-/Gleichzeitigkeit zu verschiedenen Zeiten). Befunde zur sogenannten Hyperaktivität (Aufmerksamkeitsdefizitsyndrom – ADS/ADHS) zeigen, dass hyperaktive Kinder in ihren diesbezüglichen temporalen Kompetenzen Probleme haben. Simultanten benötigen diese *sequenzielle Kompetenz* ebenso wie allen anderen Menschen, die eher linear beziehungsweise in Rhythmen denken und handeln.

Viele Menschen neigen in ihren Aktivitäten und Handlungsmustern – bei freier Gestaltungsmöglichkeit – eher zu sequenziellen Abläufen von Tätigkeiten. Sie tun sich schwer damit, verschiedene Tätigkeiten gleichzeitig zu machen beziehungsweise schnell hin- und herzuspringen. Oder sie haben daran zumindest weniger Spaß. Wir haben für diesen Typ den Begriff »*Sequenzialist*« eingeführt (Hatzelmann/Held 2005, S. 128 ff.)

Übung 20: Simultantin oder Sequenzialist? *(Reflexion)*

Eine Vielzahl von Geräten und deren Vernetzung kommt heutzutage dem Simultanten entgegen. Manche Sequenzialisten betrachten derartige Errungenschaften eher als Quelle des Unbehagens. Es ist hilfreich, seinen Typus und seine Gleichzeitigkeits-Kompetenzen kennenzulernen. Nehmen Sie sich dazu Zeit. Erinnern Sie sich an Situationen, bei denen Sie mehr oder weniger gleichzeitig verschiedene Tätigkeiten ausübten, wie etwa:

- Essen beim Fernsehen,
- E-Mails schreiben und sich unterhalten,
- Auto fahren, Zigaretten rauchen und Radio hören,
- in einer Sitzung andere Akten bearbeiten,
- Rad fahren und mit dem Handy telefonieren,
- telefonieren und im Internet surfen,
- essen, Zeitung lesen und im Radio Nachrichten hören,
- joggen und mit Walkman eine Hörbuch-CD hören.

Manche von Ihnen werden versichern, dass Sie die beschriebenen Paralleltätigkeiten ohne Mühe schaffen. Stellen Sie sich beim nächsten Mal folgende Fragen und beachten Sie folgende Überlegungen:

- Wie organisieren Sie sich, um diese parallelen Aktivitäten ausüben zu können?
- Wie fühlen Sie sich dabei? Ist es angenehm, neutral, oder fühlen Sie sich unter Druck?
- Welche Tätigkeiten schaffen Sie gleichzeitig ohne kurze Veränderung der Aufmerksamkeitsrichtung?
- Wählen Sie bewusst zwei Tätigkeiten, die ähnliche Aufmerksamkeitsbereiche im Gehirn beanspruchen. Beispielsweise Nachrichtensendung im Fernsehen anschauen und gleichzeitig Zeitung lesen. Ist das in gleicher Qualität möglich? Wie gelingt Ihnen das Hin- und Herschalten?
- Versuchen Sie nach einer Weile, nur einer der Tätigkeiten mit voller, ungeteilter Aufmerksamkeit nachzugehen (beispielsweise nur fernsehen, nur laufen). Wie fühlt sich das im Unterschied zur vorherigen Gleichzeitigkeit an? (Anstrengung versus Langeweile? Tiefe versus Oberflächlichkeit?)
- Welche Tätigkeiten passen gut zusammen oder ergänzen sich sogar? Zum Beispiel Spazieren gehen und sich unterhalten, Musik hören und essen, Arbeit in der Küche und singen? Wie ist das bei Ihnen?

Menschen unterscheiden sich stark bezüglich ihrer Fähigkeiten und ihrer Freude im schnellen Hin und Her von gleichartigen Aufgaben, die vergleichbare Gehirnteile beanspruchen. Dennoch gilt für alle allgemein: Das sequenzielle Nacheinander von Abläufen *vermittelt Ordnung*. Diese wird durch die Gleichzeitigkeit beziehungsweise das schnelle Switchen von Aktivitäten aufgelöst.

Damit wird zusätzlicher Zeitaufwand erforderlich, um eine neue Ordnung herzustellen. Diese hohe zusätzliche Zeitinvestition wird vielfach nicht beachtet beziehungsweise unterschätzt. Das bedeutet: Der bestehende Zeitdruck wird noch zusätzlich verstärkt. »Alles braucht seine Zeit«, gerade auch das Nutzen der Potenziale der modernen Art von Gleichzeitigkeit, das Twittern, Bloggen, Simsen & Co.

Damit stellt sich eine historisch neuartige Aufgabe. Bedienen wir uns zur Illustration nochmals des Vergleichs mit den Eisenbahnen: Für uns sind die Geschwindigkeiten von ICE und TGV selbstverständlich. Nach der Einführung von Eisenbahnen dauerte es jedoch lange Zeit, bis sich die Menschen an die erhöhten Geschwindigkeiten gewöhnt hatten.

Wir sind heute der Gefahr ausgesetzt, dass die neuen Gleichzeitigkeitstechniken uns daran hindern, zur Ruhe zu kommen. Die Ferne zu erschließen kann es uns erschweren, ganz im Hier und Jetzt präsent zu sein.

Folgerungen für die Zeitkompetenz

- Die Möglichkeiten zur Gleichzeitigkeit erweitern die Handlungsoptionen.
- Lernen Sie, mit der Vielzahl der Möglichkeiten umzugehen und überfordern Sie sich nicht in belastenden Situationen.
- Versuchen Sie, das Anforderungsprofil Ihres Aufgabenbereichs im Hinblick auf Multitasking und der Bedeutung von sequenziellen Abläufen zu verstehen.
- Beobachten Sie, ob eine Tendenz zur Gleichzeitigkeit Ihre ungeteilte Aufmerksamkeit und Konzentration für Aufgaben oder Tätigkeiten in Mitleidenschaft zieht.
- Klären Sie, wo Ihre Grenzen der Gleichzeitigkeit/des schnellen Hin und Her zwischen verschiedenen Aufgaben liegen.

Übung 21: Auf mehreren Ebenen *(Feldenkrais)*

Für unseren Umgang mit Zeit dominieren kognitiv geprägte Übungen. Für Zeitkompetenz ist es jedoch wichtig, ganzheitlich zu üben. Körperübungen sind hierfür eine gute Möglichkeit. In Übung 12 führten wir Sie bereits in die Feldenkrais-Methode ein und stellten einige Übungen zur Sensibilisierung für Geschwindigkeiten vor. Darauf aufbauend liegt das Schwergewicht bei der folgenden Übung auf der Koordination von simultanen Bewegungen (Gleichzeitigkeit). Dabei kann man seine eigenen Zeiten und Muster kennenlernen und erweitern:

- Legen Sie sich in der Ausgangsposition mit ausgestreckten Beinen auf den Rücken. Ziehen Sie die Knie an. Stellen Sie die Beine auf und schlagen Sie das rechte über das linke Knie.
- Lassen Sie beide Knie gleichzeitig langsam nach rechts sinken, sodass beide jetzt nur auf dem linken Fuß ruhen. Wenn Sie beim Sinkenlassen einen Widerstand spüren oder sich anstrengen müssen, kehren Sie wieder zurück in die Mitte. Nach einer kleinen Pause wiederholen Sie diese kleine, langsame Bewegung nach rechts und zurück zur Mitte einige Male. Ihre Arme liegen dabei bequem neben Ihrem Körper.
- Lassen Sie Ihre Beine aufgestellt, sodass jedes Knie senkrecht über seinem Fuß steht. Lenken Sie nun Ihre Aufmerksamkeit auf Ihre Arme. Strecken Sie diese in Richtung Zimmerdecke empor und falten Sie die Hände. Ihr Schultergürtel und Ihre beiden Arme bilden so ein Dreieck, dessen Spitze die beiden aneinander gelegten Hände sind. Heben Sie nun den Schultergürtel so vom Boden, als ob jemand Ihre rechte Schulter heben würde. Gleichzeitig senken sich beide Hände nach links Richtung Boden, ohne dass sich das Dreieck verändert. Machen Sie diese Übung etwa zehnmal und danach das Gleiche für die linke Schulter. Beachten Sie bei beiden Bewegungen, was der Kopf macht: Hebt er sich vom Boden? Geht er mit in Richtung der Hände oder in die Gegenrichtung? Probieren Sie alle drei Möglichkeiten aus. Machen Sie danach wieder eine längere Pause. Spüren Sie nach, welche der Kopfbewegungen im Einklang mit den Bewegungen der Hände sind.
- Ziehen Sie die Knie wieder an. Stellen Sie die Beine auf und schlagen Sie das rechte über das linke Knie. Lassen Sie beide Knie ganz langsam nach rechts sinken, sodass beide jetzt nur auf dem linken Fuß ruhen. Gleichzeitig heben Sie Ihre Arme und formen das bekannte Dreieck. Verbinden Sie die Bewegung der Beine nach rechts mit der simultanen Bewegung der Arme. Probieren Sie unterschiedliche Möglichkeiten aus (Beine und Arme nach rechts bewegen, Kopf dazu nach rechts rollen, alle nach links und unterschiedlich). Spüren Sie nach, mit welcher Kombination die Gesamtbewegung leicht, mühelos läuft und sich die Beweglichkeit der Beine erweitert. Schärfen Sie Ihr Gefühl für die feinen Unterschiede. Manchmal wird eine ungewohnte Bewegung beim längeren Ausprobieren der Spielräume (einzeln versus gleichzeitig) vertrauter.

Tipp: Suchen Sie sich einen Partner/eine Partnerin, die wechselweise die Anleitung übernimmt; das ist vorteilhaft für Ihre Konzentration auf die Bewegungen. In der Gruppe können Sie sich anschließend dazu austauschen.

GEGENWARTSTYP

Zeitlos auf einer Bank am Meer sitzend den Tag erleben. »Eine Uferpromenade in Italien. Ein Paar geht im Morgenlicht spazieren. Der Blick aufs Meer ist überwältigend. Sie bleiben stehen und setzen sich auf eine Bank. Das Licht, die Wolken, die Wellen. Sie können sich nichts Schöneres vorstellen. Sie vergessen die Zeit. Das Schicksal schickt kleine Essensstände mit dampfenden Würstchen, kalter Limonade und Wägelchen mit Waffeln und Eis zu ihnen auf die Promenade. Sie riechen die Würstchen und kaufen welche. Aus dem Morgenlicht ist längst Nachmittagslicht geworden, und die Uhrzeit ist noch immer vergessen. Kein Ausflug, kein Programm, nur Wolken, Wellen und heiße Würstchen.« *(Elmar Hatzelmann, nach dem Erlebnis einer Seminarteilnehmerin)*

Zeitlos – ein großes Wort gelassen hingeschrieben. Solange wir leben, sind wir in der Zeit. In diesem Sinne können wir nicht »zeitlos« sein. Dennoch können Sie wohl nachvollziehen, was gemeint ist: Wenn wir etwas sehr intensiv erleben, ob bei der Arbeit, in der Natur, beim Sport, im Spiel mit Freunden, mit Kindern, in der Liebe, beim Musizieren und beim Meditieren, kann es vorkommen, dass wir »die Zeit vergessen«. Auch Geschichten und Märchen können uns »aus der Zeit entführen«. Von manchen Personen wird das so beschrieben, dass sie die übliche Essenszeit vergessen und erst später, am Ende eines Spannungsbogens merken, wie viel Hunger sie haben.

Die Zeitkompetenz, sich auf das Gegenwärtige einlassen zu können, ganz im Augenblick aufgehen und bei der Sache sein zu können, lässt sich am Unterschied zum Timing illustrieren. Auch hierbei geht es um richtige Zeitpunkte, das Abstimmen unterschiedlicher Tätigkeiten und die Koordination von Personen und Abläufen. Dazu gibt es Uhren, Wecker, Kalender, Timer, computergestützte Methoden der Zeitbudgetierung und anderes mehr.

Das *Leben ganz im Hier und Jetzt* hat jedoch eine andere Qualität. Die Gegenwart steht dabei im Vordergrund. Die Zukunft und die Vergangenheit bleiben im Hintergrund. Die Gegenwart gewinnt eine eigene Qualität und Wertigkeit und ist nicht nur das Vorspiel für eine spätere Zeit. Sie ist nicht nur instrumentell für andere Zeiten und für materielle Ziele wichtig.

Bei Goethe findet sich eine Passage im Gespräch mit Eckermann, die das für die räumliche Dimension illustriert: Auf die Frage, warum er beim Spaziergang durch das Fernrohr in die Ferne sieht, kommt die klassisch gewordene Antwort: »Warum, hier bin ich sowieso.« Bezogen auf das Jetzt: Die Kunst besteht darin, Erfahrungen der Vergangenheit für das Jetzt zu verwenden und für die Zukunft planen zu können, ohne dass dadurch unser *Gegenwartssinn* eingeschränkt wird.

Dies ist in einer an Zeitplanung orientierten Arbeitswelt nicht einfach. Viele können sich angesichts der dichten Vorgaben und des Zeitdrucks nicht mehr richtig konzentrieren. Dies gilt vielfach bereits in der Schulzeit, in der ebenfalls ein starker Zeitdruck aufgebaut wird. Auch in Familie und Freizeit haben viele das Problem, dass sie stets auf dem Sprung sind, ihre momentane Tätigkeit zu verlassen, um irgendetwas noch Wichtigeres zu tun. Häufig machen sie dann kaum noch irgendetwas richtig.

Die Menschen sind bezogen auf ihre Vergangenheits-, Gegenwarts-, Zukunftsbezogenheit ebenso unterschiedlich wie bei ihren Chronorhythmen und Eigengeschwindigkeiten. Nach Zimbardo/Boyd (2009) kann man folgende Zeitperspektiven unterscheiden:

- negative beziehungsweise positive Vergangenheit,
- fatalistische beziehungsweise hedonistische Gegenwart sowie
- Zukunft beziehungsweise transzendentale Zukunft.

Das Buch von Zimbardo und Boyd enthält einen Fragebogen, mit dem Sie Ihre eigene Zeitzone bestimmen und Anregungen gewinnen können, um deren Vorzüge und Fallstricke zu erkunden.

»Im Jetzt aufgehen können« – was zunächst weltzurückgezogen klingt, meditativ allein auf sich selbst bezogen, bedeutet etwas ganz anderes, es bedeutet viel mehr: Zeit für sich zu finden, ganz im Jetzt aufgehend. Allein sein und zurückgezogen zur Ruhe kommen. Es kann ein Aufgehen im Jetzt des Naturerlebens sein. In jeder alltäglichen Situation kann man das Hier und Jetzt intensiv erleben.

Es kann gerade für das Berufsleben besonders wichtig sein, ganz bei einer Sache sein zu können, darin aufzugehen. Das Gleiche gilt natürlich auch für die Schule und für Trainingsprozesse.

CHRONOTYPEN

Eigenrhythmen, Eigengeschwindigkeiten, Gleichzeitigkeit und Gegenwartstyp – alle diese Zugänge illustrieren, wie verschieden wir in unseren zeitlichen Charakteristika und damit unseren Möglichkeiten im Umgang mit den Zeiten sind. Lernen Sie Ihre *individuellen Chronotypen* näher kennen. Vielleicht sind für Sie einige Dimensionen besonders bedeutsam. Oder Sie interessieren sich neben einzelnen Einschätzungen insbesondere für Ihr Gesamtprofil.

Nehmen Sie zunächst die Übersicht auf der gegenüberliegenden Seite zur Hand und lesen Sie als Erstes in Ruhe die Erläuterungen zu den unterschiedlichen Chronotypen. Wir unterscheiden jeweils zwei Pole und eine mittlere Gruppe. Die ersten vier Typen sind biologisch bestimmte, jedoch kulturell überformte Eigenzeiten. Die darauf folgenden Typen beziehen sich auf kulturell geprägte Zeitformen.

Beachten Sie bitte: Einordnungen können zum Schubladendenken verführen. Wir wollen daher über die Kategorisierung Ihrer temporalen Eigenschaften Ihren Blick differenzieren. Über den Vergleich mit anderen kann man darüber hinaus Ursachen für mögliche Konflikte finden. Es kann im Übrigen sein, dass gerade eine Typologie, bei der Sie mit der Einordnung Probleme haben, für Sie besonders interessant ist.

Chronotypen

1. Circadianer Rhythmus
- Morgenmensch: Ist früh morgens munter (»Lerche«). In aller Regel ohne Wecker früh wach, selbst wenn es am Abend zuvor spät wurde.
- Tagmensch: Ist weder ausgeprägter Morgen- noch Abendmensch.
- Abendmensch: Steht, wenn es die äußeren Zeitvorgaben zulassen, deutlich später am Morgen auf. Zum Teil braucht er Zeit, bis er richtig munter und aktiv wird. Kann lange in den Abend und die Nacht hinein aktiv sein (»Eule«).

2. Schlafdauer
- Kurzschläfer: Benötigt durchschnittlich weniger als 6 Stunden Nachtschlaf.
- Normalschläfer: Benötigt etwa zwischen 6 und 9 1/2 Stunden Nachtschlaf.
- Langschläfer: Schläft durchschnittlich länger als etwa 9 1/2 Stunden pro Nacht.

3. Ultradianer Rhythmus
- Siestatyp: Macht gerne eine richtige Mittagsruhe, wenn möglich mit kurzem Nickerchen oder Mittagsschlaf.
- Mittags-Kurzpauser: Braucht mittags eine Ruhepause, ohne jedoch zu schlafen oder ein Nickerchen zu machen. Fühlt sich danach wieder erholt.
- Ohne/kaum Mittagspause: Braucht subjektiv über eine kurze Mahlzeit oder Kaffeepause hinausgehend keine Mittagspause.

4. Jahreszeiten
- Saisonal: Stark durch die Rhythmik der Jahreszeiten geprägt.
- Mischtyp: Nicht sehr stark ausgeprägte Variation im jahreszeitlichen Ablauf.
- Äquatorial: Rhythmen sind unabhängig von Jahreszeiten und Aktivitätenmuster gleichförmig wie in Äquatornähe.

5. Umgang mit Warten
- Ungeduldiger Typ: Tut sich mit unverhofftem Warten schwer und wird auch bei kurzen Stauungen oder kleinen Wartezeiten schnell nervös.
- Zeit nutzen und kontrollieren: Kann kurze Wartezeiten ganz gut verkraften. Tendenz, unverhoffte Wartezeiten zu nutzen und möglichst durch Planung zu kontrollieren.
- Entspannte Warterin: Kann gut und entspannt warten. Nimmt unverhoffte Wartezeiten als Gelegenheit wahr, zur Ruhe zu kommen (»kleine Auszeit«).

6. Gleichzeitigkeit
- Dieser Chronotyp stellt auf moderne Formen der Gleichzeitigkeit ab (Informationstechniken aller Art).
- Simultantin: Tut sich relativ leicht, mehrere Tätigkeiten nebeneinander zu machen beziehungsweise rasch hin- und herzuschalten.
- Mischtyp: Weder besonders ausgeprägt in Richtung »vieles gern gleichzeitig machen« noch in Richtung »eins nach dem anderen erledigen«.
- Sequenzialist: Bevorzugt, eine Tätigkeit nach der anderen zu machen. Soll er kurzfristig mehreres gleichzeitig erledigen, fühlt er sich schnell gestresst.

Literaturtipp: In Hatzelmann/Held (2005, S. 125 ff.) finden Sie nähere Ausführungen zum unterschiedlichen Umgang mit Warten einschließlich einer Übung »Warten will gelernt sein«.

7. Pünktlichkeit
- Uhrenzeittyp: Orientiert sich an äußerlichen Uhrenzeitvorgaben.
- Situativ locker: Je nach Situation pünktlich oder so etwa in der Zeit.
- In Ereignisstrom eingebettet: Ist in seinen Tätigkeiten an Ereigniszeit und weniger an Uhrenzeit orientiert.

8. Zeitplanung
- Planer: Präferiert möglichst genaue Zeitplanung und gewissenhafte Erfüllung.
- Situative Planerin: Plant Aktivitäten und hält sich je nach Situation mehr oder weniger daran.
- Der Intuitive: Vermeidet Planung, soweit es geht, und reagiert auf Möglichkeiten intuitiv und spontan.

9. Zeitwert
- Zeitutilitaristin: Wert der Zeit bemisst sich ausschließlich danach, was damit an anderen Zielen und materiellen Werten erreicht werden kann.
- Mischtyp: Bei gleicher Grundhaltung können Zeiten hin und wieder auch Eigenwertigkeit bekommen.
- Zeitliebhaber: Intrinsische Eigenwertigkeit von Zeit, Spaß, Freude und Motivation an Tätigkeiten hat hohen Wert. Schließt instrumentellen Wert von Zeit als Mittel für andere Zwecke nicht aus.

10. Individual-sozial
- Auf eigene Zeit zentriert: Beachtet vorrangig eigene Zeiten.
- Umfeld-/personenabhängig: Bezieht Zeiten anderer situativ je nach Umständen und den anderen Personen mehr oder weniger mit ein.
- Zeitempathikerin: Ist ebenso sensibel für Eigenzeiten anderer wie für persönliche Eigenzeiten.

11. Zeitfokus
- Vergangenheitsorientiert: Erfahrungen, Erinnerungen und generell Vergangenheit sind vorrangig.
- Gegenwartsorientiert: Konzentriert sich vorrangig auf das Hier und Jetzt.
- Zukunftsorientiert: Wird in Aktivitäten stark durch Planung und zukünftige Ziele bestimmt.

Das Verständnis des eigenen Chronotypenprofils ist das eine. Das andere ist, dass wir mit unterschiedlichsten Menschen zu tun haben, die andere Profile besitzen. Und dass wir mit *unterschiedlichsten Rollenanforderungen* konfrontiert sind, bei denen die temporalen Anforderungen stark variieren. Wir können zwar nicht aus unserer temporalen Haut schlüpfen, aber wir können – in einem gewissen Rahmen – unterschiedlichen Rollenanforderungen gerecht werden.

Übung 22: Entdecken Sie Ihre Chronotypen (*Reflexion/Eigeneinschätzung*)

Wählen Sie nun Chronotypen entsprechend Ihrer Eigeneinschätzung aus. Nehmen Sie Ihre jeweilige Einordnung auf der Fünfer-Skala möglichst spontan vor.

① **Circadianer Rhythmus** ☐1 ☐2 ☐3 ☐4 ☐5 ☐   ☐ weniger wichtig/kann
   [1] Morgenmensch [3] Tagmensch [5] Abendmensch   ich nicht beurteilen

② **Schlafdauer** ☐1 ☐2 ☐3 ☐4 ☐5 ☐
   [1] Kurzschläfer [3] Normalschläfer [5] Langschläfer

③ **Ultradianer Rhythmus** ☐1 ☐2 ☐3 ☐4 ☐5 ☐
   [1] Siestatyp [3] Mittags-Kurzpauser [5] Ohne/kaum Mittagspausen

④ **Jahreszeiten** ☐1 ☐2 ☐3 ☐4 ☐5 ☐
   [1] Saisonal [3] Mischtyp [5] Äquatorial

⑤ **Umgang mit Warten** ☐1 ☐2 ☐3 ☐4 ☐5 ☐
   [1] Ungeduldiger Typ [3] Zeit nutzen/kontrollieren [5] Entspannte Warterin

⑥ **Gleichzeitigkeit** ☐1 ☐2 ☐3 ☐4 ☐5 ☐
   [1] Simultantin [3] Mischtyp [5] Sequenzialist

⑦ **Pünktlichkeit** ☐1 ☐2 ☐3 ☐4 ☐5 ☐
   [1] Uhrenzeittyp [3] Situativ locker [5] in Ereignisstrom eingebettet

⑧ **Zeitplanung** ☐1 ☐2 ☐3 ☐4 ☐5 ☐
   [1] Planer [3] Situativer Planer [5] Der Intuitive

⑨ **Zeitwert** ☐1 ☐2 ☐3 ☐4 ☐5 ☐
   [1] Zeitutilitaristin [3] Mischtyp [5] Zeitliebhaber

⑩ **Individual-sozial** ☐1 ☐2 ☐3 ☐4 ☐5 ☐
   [1] Zeitegozentriker [3] Umfeld-/personenabhängig [5] Zeitempathikerin

⑪ **Zeitfokus** ☐1 ☐2 ☐3 ☐4 ☐5 ☐
   [1] Vergangenheitsorientiert [3] Gegenwartsorientiert [5] Zukunftsorientiert

Wenn Sie Ihre Chronotypen ausgewählt haben, beantworten Sie folgende Fragen. Nehmen Sie sich Zeit, um über Ihre Einschätzungen nachzudenken (Machen Sie sich dazu Notizen!).

- Was ist für Sie besonders interessant? Einzelner Typ? Zusammenhänge?
- Womit sind Sie zufrieden?
- In welcher Kategorie halten Sie Änderungen für wünschenswert?
- Was wären die ersten Schritte?
- Sehen Sie noch eine weitere Kategorie, die für Sie persönlich wichtig ist? (etwa: Anlaufgeschwindigkeit)

Tipp: Diese Übung kann je nach Klassenstufe im Schulbereich altersgemäß angepasst, aber auch bei Vereinen oder in anderen Gruppen eingesetzt werden.

Übung 23: Chronohüte wechseln *(Rollenspiel)*

Vorbereitung
Die Teilnehmenden machen zunächst für sich allein die Übung 22 »Entdecken Sie Ihre Chronotypen«. Anschließend wird ein Thema ausgewählt, das die Teilnehmenden real betrifft: etwa die Einführung einer neuen Software oder ein Projekt, das zeitlich aus dem Ruder läuft. Diese Themen- oder Problemstellung wird gut sichtbar auf ein Flipchart geschrieben. Je nach Gruppengröße (mindestens vier Personen) werden dazu entsprechend den Gegebenheiten Ihrer Firma/Institution Rollen ausgewählt wie etwa: Entwicklung/Konstruktion; Einkauf/Beschaffung; Produktion; Kundendienst/Service; Vertrieb; Marketing; IT-Fachleute; Personalabteilung; Buchhaltung; Controlling.

Erste Runde
Jeder Teilnehmende wählt in der ersten Runde des Spiels eine Rolle, die sie/er in der Firma selbst hat beziehungsweise relativ gut kennt. Für das Rollenspiel wird ein erfundener Name gewählt (Namensschilder). Nehmen Sie sich für diese Runde angemessen Zeit, mindestens jedoch eine gute Viertelstunde. Sie können entweder vor der Diskussion einen Moderator für die Diskussionsleitung wählen oder Sie spielen einfach los.

Zu Beginn der Runde hat jeder Mitspielende Zeit, seine Sichtweise und Lösungsvorschläge zu unterbreiten. Danach beginnt die Diskussion, in der idealerweise gemeinsame Lösungsstrategien entwickelt werden. Manchmal endet die Übung auch ohne Lösung. Machen Sie danach eine kleine Pause.

Zweite Runde
Die zweite Runde beginnt mit einem Rollenwechsel. Losen Sie die Zuordnung der anderen Rollen aus oder verabreden Sie diese. Je weiter die Rolle von Ihrem eigentlichen Bereich entfernt ist, desto mehr Lernmöglichkeiten haben Sie. Es werden wieder neue Namen verabredet (Namensschilder). Es hat sich als hilfreich erwiesen, wenn in der Anfangsphase dieser zweiten Runde die tatsächlichen Inhaber der Position ihren »Spielern« Tipps hinsichtlich Wortwahl, Gestik und inhaltlicher Darstellung geben.

Dann läuft die zweite Runde vergleichbar der ersten. Ihre Aufgabe ist es nun, diese fremdartige Rolle mit den jeweiligen Persönlichkeitszügen möglichst treffend darzustellen. Sie können in dieser Runde weiter diskutieren oder nochmals mit der Eingangsvorstellung beginnen. Die Dauer sollte vergleichbar der ersten Spielrunde sein.

Dritte Runde
Nun werden die Erfahrungen aus den beiden Spielrunden in der Gruppe diskutiert:

- Welche Chronotypen konnten Sie bei den Rollen identifizieren?
- Entspricht die Zuordnung der Chronotypen zu den Rollen Ihren üblichen Erwartungen bezogen auf die Aufgaben, Gruppen und Abteilungen?
- Wie war die Umstellung auf die neue, zuvor nicht gewohnte Rolle?
- Welche Bedeutung haben die Chronotypen für die Vielfalt von Lösungsansätzen?
- Was können Sie aus diesem Wechsel der Perspektive für Ihre künftige Zusammenarbeit mit anderen Abteilungen, Gruppen, Disziplinen in Projektteams lernen?

Naturzeit und Kulturzeit

KALENDERKUNDIGKEIT

Am Anfang waren Tag, Jahresgang, Mondzyklus, der Lauf der Gestirne und die Rhythmen der Jahreszeiten. Unsere Vorfahren lernten, diese Naturzeiten zu messen und daraus eine kulturelle Zeitordnung zu entwickeln. Am Anfang war der Tag. Aber es dauerte, bis kulturell der Sabbat, die Woche und später der Sonntag entstanden. Am Anfang war das Jahr. Jahreskalender wurden allerdings erst in der ersten Blütezeit von Hochkulturen entwickelt (zur Einführung Duncan 1999; Gutberlet 2009).

Diese kulturellen Erfindungen werden üblicherweise als eine Geschichte der Ablösung von den Naturzeiten verstanden. Die Naturzeiten blieben aber nach wie vor gültig. Die Entwicklung der kulturellen Zeitordnung und dabei insbesondere die Kämpfe um den Kalender wären gar nicht zu verstehen, wenn wir uns von den Naturzeiten völlig abgelöst hätten.

- *Frage 1:* Welches Jahr dauerte 445 Tage?
- *Frage 2:* Welche Art von Kalender haben wir heute: Sonnenkalender, Mondkalender oder andere Art von Kalender?

In der frühen Geschichte gab es Mond- und Sonnenkalender. Die Mondmonate entsprechen nicht genau einer bestimmten Anzahl von Tagen (etwa 29 oder 30 Tage), und zwölf Mondmonate ergeben kein volles Sonnenjahr (etwa 354 Tage). Deshalb rotieren Mondkalender bezogen auf das Sonnenjahr. Sonnenkalender scheinen vorteilhafter zu sein. Tatsächlich dauert es nur länger, bis sich Probleme bemerkbar machen. Denn das Sonnenjahr ergibt sich nicht präzise aus einem Vielfachen ganzer Tage. Vielmehr sind es *ungefähr* 365 bis 366 Tage. Jeder Sonnenkalender, der nicht genau ist, ergibt über die Jahrzehnte und Jahrhunderte hinweg starke Abweichungen gegenüber dem Jahresgang.

Im Jahre 45 v. Chr. trat im römischen Reich die von Julius Cäsar initiierte Kalenderreform in Kraft. Inspiriert durch Vorbilder aus dem hellenistischen Ägypten wurde dabei der sehr ungenaue römische Mondkalender durch einen Sonnenkalender abgelöst. Deshalb wurde im Jahr vorher eine sehr große Korrektur von 80 Tagen erforderlich (Frage 1).

Der Julianische Kalender ist die Grundlage unseres heutigen Kalenders. Mit einer besonders wichtigen Veränderung: Kaiser Konstantin förderte zu Beginn des 4. Jahrhunderts die Verbreitung des Christentums. In dem von ihm einberufenen Konzil von Nizäa wurde die Festlegung des Osterfestes vereinheitlicht, das sich zeitlich nach dem jüdischen Kalender bestimmt. Damit kam in den julianischen Sonnenkalender wiederum ein Element des Mondzyklus (Frage 2).

Dieser Sonnenkalender mit lunarem Anteil bestimmt bis heute unser Leben. Fasching, Fastenzeit, Ostern, Christi Himmelfahrt, Pfingsten und Fronleichnam sind über die Jahre hinweg am Mond ausgerichtete, bewegliche Feiertage. Die Jahre haben ein variables Moment, wenngleich bei uns nicht so stark ausgeprägt wie in Kulturen und Religionen mit Mondkalender (etwa im Islam oder im Hinduismus).

Die Entwicklung der Kalender wird üblicherweise so geschildert, als ob wir uns mit Uhren und Kalendern von den Naturzeiten gelöst hätten. Das ist ungenau. Da die wesentlichen Naturzeiten (Erddrehung, Mondmonat, Erdumlauf um Sonne) keine ganzzahligen Vielfachen sind, kam es zu einer zunehmenden Präzision der Zeitmessung. Die Kalender *sollen* zum natürlichen Jahresgang passen.

Wir bleiben dauerhaft an die Naturzeiten gebunden.

Die Nutzung des Kalenders ist heute ein selbstverständlicher Bestandteil von Zeitkompetenz – *Kalenderkundigkeit*. Moderne Kalender gemäß der internationalen Norm ISO 8601 geben uns zusammen mit der Uhrenzeit ein wichtiges Instrument an die Hand, wie mit den Zeiten umzugehen ist: planen, datieren, terminieren. Aufgrund des starken lunaren Einflusses und der Änderung des Wochenablaufs in den Monaten variieren dabei wichtige Daten von Jahr zu Jahr.

Erfindungen und Leistungen der kulturellen Zeitordnung

Zeitmaße (geordnet nach Zeitskala, nicht gemäß historischer Entwicklung)

- **Sekunde:** Kleinere Einheit von Minuten; 60 Sekunden = 1 Minute; Definition abgeleitet aus Stunde/Tag; Definition Atomzeit gemäß der Schwingungen der Cäsiumelektronen.
- **Minute:** Kleinere Einheit von Stunden; 60 Minuten = 1 Stunde; abgeleitet aus Stunde/Tag; abgeleitet als das 60-Fache einer Sekunde der Atomzeit; Dezimalsystem (republikanischer Kalender).
- **Stunde:** Ungerade Stunden (zweimal je 12 Stunden für hellen Tag und für Nacht); gerade Stunden (einheitlich lang ein 24stel eines Tages/unabhängig vom Jahresgang); 60 × 60 Sekunden der Atomzeit; Dezimalsystem.
- **Tag:** Eine Erddrehung; Beginn unterschiedlich, zum Beispiel Abenddämmerung, Mitternacht, morgens.
- **Woche:** Oberbegriff für Zeiteinheit einiger Tage zwischen Monaten und Tagen; typischerweise zwischen fünf und zehn Tagen; babylonische und jüdische 7-Tage-Woche; römische Unterteilung in Kalenden, Nonen und Iden.
- **Monat:** Unterteilung des Jahres; an den Mondzyklus angenäherte Monate; Dauer Kombination aus Mondmonaten und Sonnenjahr.
- **Jahr:** Mond-, Sonnenkalender, Sonnenkalender mit lunarem Anteil, Dezimalkalender; Grad der Genauigkeit; Art der Schaltmonate, -tage.
- **Langzeitzyklen:** Zyklen bestimmter Zahl von Jahren; Beispiel Maya, Olympische Spiele in Antike, Jubeljahr Israeliten.

Spezifische Zeitinstitutionen

- **Besondere Tage:** Sabbat, Sonntag, Montag und so weiter; Kalenden; Wochenende, Feiertage (religiös, staatlich, lokal).
- **Besondere Jahre:** Milleniumsjahr, Jahr der Ratte (China), Schaltjahr etc.
- **Datierung:** Ermöglicht beispielsweise Geburtstag, Jahrestage, Jubiläen, Termine, Befristung.
- **Kalender:** Julianischer Kalender (Sonnenkalender); gregorianischer Kalender (mit Mondanteilen, höhere Präzision zu tropischem Jahr) und viele andere; Kalender mit Kalenderjahr, -monat, -woche und Tagesdatum der Internationalen Organisation für Standardisierung (ISO).

Historische Zuordnung

- **Spezifische Zeitgruppen:** Gemäß Herrschaftsperiode; Festhalten an deren Abfolge.
- **Fixe Anker:** Beginn des Langzyklus bei den Maya (Beginn 3114 v. Chr.), A. U. C. (ab urbe condita) in Rom (Beginn 753 v. Chr.); Christi Geburt (vermutlich um etwa vier Jahre gegenüber historischem Ereignis ungenau), v. Chr., n. Chr. (Besonderheit: ein Jahr 0 gibt es nicht; heutige Zeitrechnung deshalb eigentlich minus 1).

Übung 24: Mein subjektiver Kalender *(Reflexion/Erlebnis)*

In der Übung 4 (s. S. 28) haben Sie Ihre subjektive Zeitwahrnehmung für kurze Zeiteinheiten beobachtet und darüber nachgedacht. Das Zeitmaß des Jahreskalenders ist erheblich größer. Dennoch kann es von Interesse sein, sich damit auseinanderzusetzen, welche Bedeutung der Kalender für Sie persönlich hat.

Fragen Sie sich:

- Ist der Jahreskalender für Sie ein reines Planungsinstrument oder erleben Sie diesen mit starkem Bezug zu den Jahreszeiten?
- Repräsentiert der Kalender für Sie vorrangig die lineare Abfolge der Tage, Wochen und Monate? Oder repräsentiert er auch die Zyklen von Tag-Nacht, Wochen, Mondmonate und Jahreszeiten?
- Verbinden Sie mit dem Jahreskalender besondere Tage wie etwa Geburts- und Feiertage? Haben Sie besondere Tage oder eine Zeit, in der Sie über das vergangene und/oder das kommende Jahr nachdenken?
- Hat der Kalender eines bestimmten Jahres für Sie eine besondere Bedeutung? Heben Sie Kalender nach Ablauf eines Jahres üblicherweise auf?

Variation der Übung: »Noch ein Jahr zu leben«
Eine ganz besondere, sicherlich nur für wenige mutige Menschen in Frage kommende Übung finden Sie bei Stephen Levine: »Noch ein Jahr zu leben« (1999). Darin nimmt man sich vor, ein Jahr so zu leben, als wäre es das letzte Jahr (ausführlich im genannten Buch nachzulesen). Wie gesagt, dies ist eine sehr weitreichende »Übung«. Sie kann auch Anregungen geben, einzelne Elemente bei sich selbst bewusster zu erleben.

Folgerungen für die Zeitkompetenz

- Kalender sind kulturelle Innovationen zur Zeitmessung und -organisation.
- Sie ergänzen die Naturzeiten und ersetzen sie nicht.
- Mit dem Kalender umgehen zu können ist heute ein wesentlicher Teil der Zeitkompetenz.
- Das aktuell gültige Kalendersystem hat Unregelmäßigkeiten, die Aufwand für Zeitplanung erfordern. Deshalb ist die Datierung so wichtig.
- Die Zeiten des Kalenders sind nicht qualitätslose, homogene Zeiten. Vielmehr schaffen sie neue, besondere Zeiten, etwa Wochenende, Jahresanfang, Jubiläen, Gedenktage wie Geburtstag und Hochzeitstag, Feiertage etc.

KÖRPERZEITEN

Die mechanische Uhr und spätere Weiterentwicklungen begünstigten bei zunehmender Genauigkeit und Standardisierung der Zeiten – unabhängig von den tatsächlichen Ortszeiten – eine Tendenz zur »Überblendung« der Naturrhythmen. Dies wurde durch eine Vielzahl weiterer grundlegender Erfindungen begünstigt: von der Eisenbahn über die Elektrizität bis hin zu Computer und Internet.

Die kulturelle Zeitordnung und das Alltagsverständnis von Zeit gingen zunehmend mit einer Loslösung von den Naturzeiten einher. Es hatte den Anschein, als ob wir heute unabhängig von diesen leben würden. Als ob wir uns selbst zeitlich in »moderne Engel« verwandelt hätten (Schneider 1999): außerhalb der Materie, engelsgleich, zugleich jemand zu sein und doch *no body*.

Zugleich spüren wir, dass das nicht stimmt. Wenn wir uns gegen die Naturzeiten stellen und die Körperzeiten ignorieren, werden wir immer wieder daran erinnert: Durch Schlafdefizit, Signale der natürlichen Rhythmen des Körpers, Jetlag, Alterungsprozesse, Krankheiten, Sterblichkeit und Tod. Wenn wir unsere Körper- und Naturzeiten ignorieren und mit uns umgehen, als wären wir Maschinen, brauchen wir uns über die Folgen nicht zu wundern.

Kurz gefasst: Erstens beeinflusst die kulturelle Zeitordnung der Uhren-Kalender-Zeit unser Zeitverständnis. Zweitens wirken zugleich die Naturrhythmen einschließlich unserer Körperrhythmen weiterhin. In der Tat ist das evolutiv übermittelte Abblenden der Erddrehung vorteilhafterweise auch bei uns modernen Menschen nach wie vor wirksam und sind die durch das Sonnenzeitmaß bestimmte Ortszeit und unsere inneren biologischen Rhythmen auch in der Uhrenwelt lebendig wie eh und je. Es ist im Übrigen gerade der Flexibilität natürlicher Rhythmen zu verdanken, dass wir die Zeiten kulturell so stark überformen können.

Ein Paradebeispiel einer abstrakten, von den Naturzeiten losgelösten Naturzeit ist die mit Schwingungen der Cäsiumatome definierte Sekunde. Dabei handelt es sich jedoch auch bei diesen Schwingungen um Naturzeiten. Nur sind diese Zeitskalen unserem persönlichen Erleben nicht direkt zugänglich. Nehmen wir einmal an, die Menschheit würde darauf beharren, dass aufgrund der damit erzielbaren größeren Genauigkeit ausschließlich dieses Zeitmaß für die Bestimmung von Sekunden (inklusive Minuten und Stunden) gilt. Dann wäre in »längerer Sicht« ein Problem unvermeidlich, das wir aus den Kalenderreformen vergangener Zeiten kennen. Wenn die Tage durch die Reibungsverluste der Erddrehung länger werden, aber die Definition der Sekunden auf dem Stand der Naturzeiten eingefroren würde, an dem sie mittels der Cäsiumatomschwingungen fixiert wurde, dann würden diese beiden Zeitmaße auseinanderdriften. Deshalb wird die Atomuhr mit Schaltsekunden nachreguliert, um mit den Naturrhythmen der Sonnenzeit in Einklang zu bleiben.

Wir sollten die Naturzeiten und damit unsere eigene menschliche Natur der Körperzeiten im Zusammenspiel mit den kulturell entwickelten Zeiten achten. Dies ist ein grundlegender Bestandteil von Zeitkompetenz. In Zeiten, in denen wir weitreichende Neuerungen verfügbar haben, die so losgelöst von Raum und Zeit zu sein scheinen, wie das moderne Zauberwort »*virtuell*« nahelegt, ist dies eine besondere Herausforderung. Aber: Auch die virtuelle Realität ist real. Sie braucht ihre eigenen Zeiten und das Verständnis zum Umgang mit diesen. Dies gilt insbesondere für die Zeiten der Informations- und Kommunikationstechniken im Zusammenspiel mit all den anderen Zeiten.

Fundstück: »Furcht vor dem Datenschluckauf. Weil die Erde sich immer langsamer dreht, kommt die Zeitrechnung aus dem Tritt – Experten warnen bereits vor Konfusion in Börsencomputern und Autopiloten.« (Spiegel Nr. 35/2003)

Literaturtipp: Wer seine Zeitkompenz weiter verbessern möchte, der sollte seine Körperzeiten aktiv kennenlernen (vgl. Huber/Fuchs 2002; Steffny 2009).

ZEIT = VERGÄNGLICHKEIT

Die vielen Ratgeber zum Zeitmanagement beziehen sich nahezu durchgängig nur auf unsere *gesunden, leistungsfähigen Zeiten*. Ergänzt wird dies durch Ratschläge zur Vorsorge: Gesundheit durch Laufen, durch Meditation, durch gesunde Ernährung.

Wir leben jedoch im Zeitpfeil – der gerichteten Zeit. Deshalb stellen unsere Verletzlichkeit (Krankheiten) und unsere Vergänglichkeit (Tod) einen Teil des Lebens dar.

Altern – schon immer versuchen Menschen, Krankheiten zu heilen und länger zu leben. Bilder vom Jungbrunnen, wie ihn das klassische Gemälde von Lucas Cranach dem Älteren (1546) zeigt, verbildlichen die tiefer liegenden Sehnsüchte: Wie schön wäre es, wenn Alterungsprozesse hinausgezögert oder angehalten werden könnten. Wie viel mehr würde es bedeuten, wenn man diese sogar umkehren und sich wieder verjüngen könnte: *For ever young*?

»Der Jungbrunnen« Lucas Cranach d. Ältere, 1546

So verständlich dieser Wunsch ist, und so gute Anregungen zu mehr Muße und Entspannung man in der Ratgeberliteratur findet, so sehr ist dies doch vielfach verkürzt: Da ist von »Abschalten« die Rede, als ob man einen Lichtschalter betätigen würde – *mechanisch* aus, *mechanisch* an. Tatsächlich sind wir jedoch *Lebewesen*, die im Zeitpfeil der gerichteten Zeit leben:

Zeit = Vergänglichkeit

Wenn wir diese weitere grundlegende Dimension der Zeit neben der Uhrenzeit (Zeit = Uhrenzeit) und Zeiteffizienz (Zeit = Geld) ernst nehmen, dann geht es nicht länger um einen Kampf gegen die Zeiten und gegen das Älterwerden, sondern um den rechten Umgang damit (vgl. Klein 2008). Wir sind schließlich kein Denkmal, das es faltenfrei ohne Kratzer, aber auch ohne jedes Potenzial zur Weiterentwicklung zu konservieren gilt.

Dann gewinnt so etwas wie Patina einen anderen Klang. Altern ist Teil eines Rhythmus des Entstehens, Reifens, Heranwachsens, Alterns und Vergehens im großen Zusammenhang der Rhythmen der Generationen.

Zeit = Vergänglichkeit ist das Gegenstück zur Ewigkeit, die Zeitlosigkeit. Die »Zeitlosigkeit in der Zeit« ist zum Verständnis des Umgangs mit Zeiten nicht nur in vormodernen, transzendental ausgerichteten Kulturen wichtig. Vielmehr pflegen wir auch in modernen Gesellschaften unterschiedlichste Formen der »kleinen Ewigkeit«, *Transzendenz* in spiritueller Meditation oder dem Aufgehen im Hier und Jetzt (Zimbardo/Boyd 2009).

Aus chronobiologischen und chronomedizinischen Arbeiten können wir einiges über Krankheitszeiten erfahren. So zeigen sich etwa während der Krankheit ultradiane Rhythmen stärker als im gesunden Zustand. Unser Wach-Ruhe-Schlafrhythmus ist damit verändert, also die angemessene Schlafdauer, Ruhebedürfnis und Bewegungen beziehungsweise das angemessene Aktivitätsniveau. Dies ist ein weitreichender und für unseren Umgang mit den Zeiten äußerst wichtiger Bereich von Eigenzeiten (ausführlich Hildebrandt/Moser/Lehofer 1998).

Vielfach erleben wir eine Verdrängung der Gewissheit unseres Todes. Bei denen, die die Vergänglichkeit in ihr Leben einbeziehen, finden sich recht unterschiedliche Reaktionen (Gronemeyer 2009). Man kann folgende Grundeinstellungen unterscheiden:

- *»Das Leben ist zu kurz, um verschwendet zu werden.«* Die knappe Lebenszeit möglichst intensiv zu nutzen (»viel herauszuholen«) ist ein verbreitetes Lebensmotto.

- *»Das Leben ist ein Geschenk.«* Jedes unserer Jahre, jede Jahreszeit, ja jeder Tag ist etwas Besonderes. Einzelne Momente können kostbar sein. Dafür können wir dankbar sein, uns daran freuen und Spaß haben.

In beiden Haltungen ist Zeit etwas Kostbares und Wertvolles. In der zuerst genannten Perspektive wird Zeit im Hinblick auf das wertvoll, was man in ihr erreichen kann. In der zweiten Tendenz spielt das Moment des Werts von Zeiten in sich selbst, Freude und Erfüllung darin, eine wichtige Rolle. Seine Lebenszeit genießen, damit etwas Sinnvolles anfangen, das Geschenk würdigen, auf den Tod warten: Das sind Blickwinkel, die unser Lebensglück elementar beeinflussen. Versuchen Sie für sich herauszufinden, ob Sie mit Ihrem Umgang mit Verletzlichkeit und Vergänglichkeit im Reinen sind oder ob Sie eventuell für sich neue Zugänge finden können und wollen (dazu Übungen in Levine 1999).

ZEITFORMEN

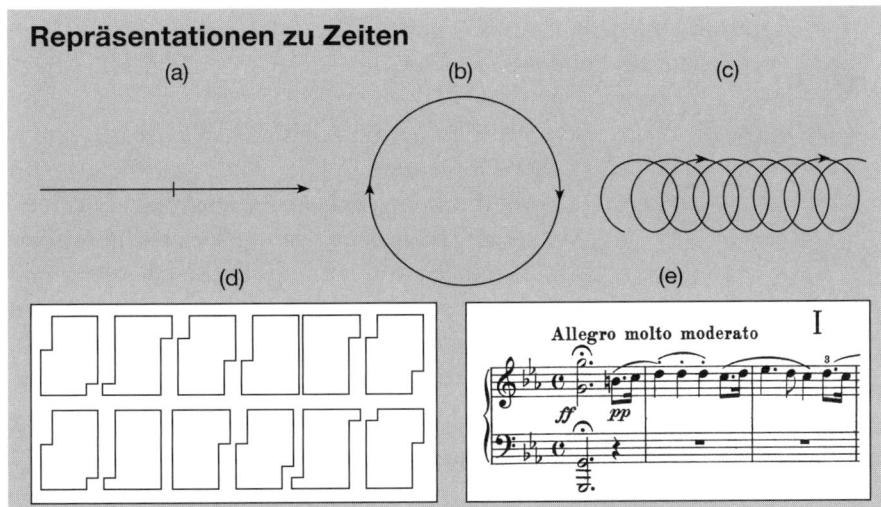

Was sehen Sie in der Abbildung? Was haben Ihre Assoziationen dazu mit Zeit und Ihren Zeitvorstellungen zu tun? Nehmen Sie sich zur Beantwortung dieser Fragen etwas Zeit, bevor Sie weiterlesen.

Bei dieser Darstellung handelt es sich um Symbolisierungen und Ausdrucksformen bestimmter Zeitaspekte:
a) *Pfeil:* Dieser repräsentiert die Vorstellung der linear voranschreitenden Zeit als Zeitpfeil beziehungsweise Zeitachse (formalisiert »t«).
b) *Kreis:* Dieser repräsentiert die zyklische Zeitvorstellung (Wiederkehr).
c) *Spirale:* Diese repräsentiert die Verbindung der linearen mit der zyklischen Zeitvorstellung; wiederkehrende Rhythmen, die in der Abfolge der historisch einmaligen Zeit sich in etwa wiederholen und sich entwickeln.
d) *Kästen:* Diese repräsentieren Kalendermonate als spezifische Ausformung des Jahreszyklus, wie er im Kalender gefasst wird.
e) *Noten:* Diese repräsentieren Takt und Tempi in der Musiknotierung.

Die lineare Zeit (Pfeil) prägt unser Zeitverständnis besonders stark. Dies hat mit dem Erfolg der Uhrenzeit und der modernen Naturwissenschaften zu tun. Die Zeit wird darin, neben den drei Raumdimensionen, zur »vierten Dimension«. *Die Zeitvielfalt wird zur Einzahl.*

Wir können dennoch problemlos unterschiedlichste andere Zeitdimensionen verstehen und diese in unseren Alltag integrieren. Tatsächlich haben die Naturwissenschaft und die Technik, die zur Einzahl der Zeitvorstellung drängten, die Optionen für den Umgang mit den Zeiten enorm vergrößert. Dies ist ein Prozess, der ungebrochen anhält: zuvor unerreichbar hohe Geschwindigkeiten wurden realisierbar, ohne dass die bisherigen, langsameren Tempi deshalb verschwunden wären; neue Zeitformen wie »Warten« und »Termine« entstanden; neue Zeitnormen wie etwa »Pünktlichkeit« ergaben sich als Folge der zunehmenden Genauigkeit der Zeitmessung.

Vergegenwärtigen Sie sich die *Vielfalt der Zeitformen* (zur Einführung Geißler 2002b; Held 2004). Im rhythmisch geprägten Lebensvollzug der vormodernen Zeiten gab es spezifische Ausprägungen von Anfang, Ende, Übergang und Pause. Andere Zeitformen entstanden und entwickelten sich erst im Laufe der letzten Jahrhunderte und Jahrzehnte.

> **Auswahl wichtiger Zeitformen**
>
> - **Anfang und Beginn**: Erster Teil einer (mehr oder weniger klar abgegrenzten) Zeiteinheit, Aktivität beziehungsweise eines Prozesses.
> - **Ende und Abschluss**: Letzter Teil einer Zeiteinheit, Aktivität beziehungsweise eines Prozesses.
> - **Übergang**: Zeitraum zwischen zwei Zeiteinheiten, Aktivitäten beziehungsweise Prozessen.
> - **Pause:** Phase der Ruhe beziehungsweise Unterbrechung innerhalb einer Zeiteinheit, Aktivität beziehungsweise eines Prozesses.
> - **Wiederholung:** Einigermaßen regelmäßig wiederkehrendes Ereignis, Aktivität beziehungsweise Prozess.
> - **Langsamkeit:** Gemessen an vorhandenen Möglichkeiten langsamer Ablauf von Aktivitäten und Prozessen.
> - **Schnelligkeit:** Gemessen an den Möglichkeiten schneller Ablauf von Aktivitäten und Prozessen.
> - **Warten:** Aufschub einer angestrebten Aktivität beziehungsweise eines Ereignisses.
> - **Termin:** Gezieltes Timing, zeitlich fixierte Verabredung für eine gemeinsame Aktivität, ein Treffen oder ein Gespräch mit gewissem verpflichtenden Charakter.

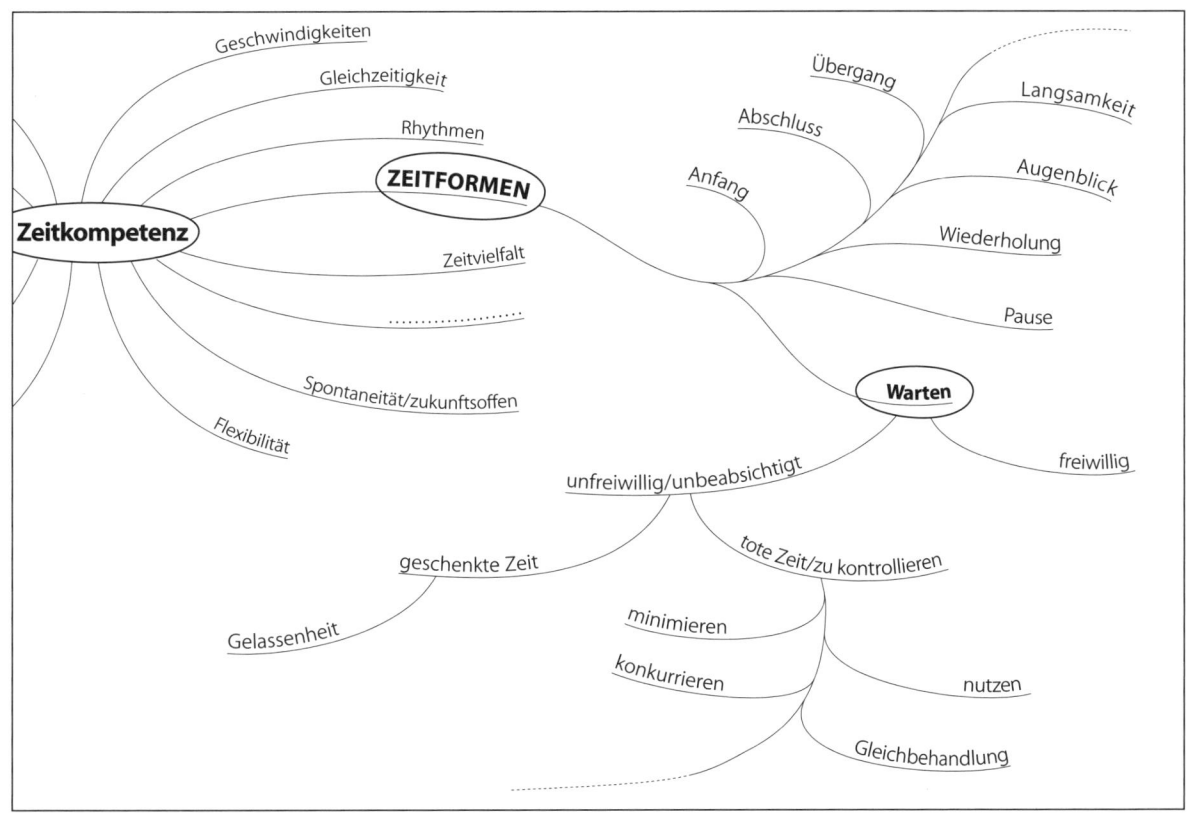

Die Vielfalt der Zeitformen wird in Gesellschaften zu *charakteristischen Zeitmustern* geprägt. Im Takt werden etwa die früher rhythmisch geprägten Abfolgen von Beginn, Ende, Pause und Wiederholung in der Moderne gleichförmig. Übergänge werden zum Teil gänzlich gestrichen beziehungsweise wie in Filmen in Short-cut-Manier auf ein Minimum geschnitten. In unseren spätmodernen Zeiten wird der Gleichtakt in Richtung Gleichzeitigkeit und beschleunigter Flexibilität aufgelockert.

Die Zeitformen sind für das Verständnis der Entwicklung der kulturellen Zeitordnung ebenso hilfreich wie für den individuellen Umgang mit den Zeiten. So gibt es in Familien, Gruppen, Projektteams, Abteilungen und Betrieben typische Ausprägungen bestimmter Zeitformen.

Betrachten wir, zur Zeitform passend, zunächst den *Anfang* (Geißler 2004b). Anfänge brauchen ihre Zeit und ihre Aufmerksamkeit. Oft wird das weitere Geschehen durch die Gestaltung des Beginns geprägt. Das gilt für Beziehungen ebenso wie für die Zusammenarbeit in Bildung und Beruf. Wer den Start gut beherrscht, hat bei Kurzstreckendisziplinen ein Plus. In der Formel 1 wird für die Startposition sogar ein eigenes Qualifikationsrennen gefahren.

Ob Anfangssituationen eine besondere Bedeutung haben, wird nicht durch die in Uhrenzeit-Einheiten gemessene Dauer bestimmt. Je nach Anlass und Alltäglichkeit kann diese recht verschieden sein: Ein kurzer, freundlicher Gruß, eine kleine Nachfrage oder aber die dem besonderen Anlass gemäße, bewusst feierliche Hervorhebung eines Beginns, etwa am ersten Schultag oder beim Antritt einer Arbeitsstelle. Wer Zeit für Begrüßung und den Auftakt »spart«, spart manchmal am falschen Fleck.

> »Dazu eine **kleine Geschichte**: Nicht selten gehen beim ersten Zusammentreffen von Geschäftsleuten deutscher und französischer Firmen ›die Uhren unterschiedlich‹. Viele Deutsche wollen in Frankreich den Auftakt mit dem gemeinsamen Mittagessen knapp halten, um anschließend möglichst effizient für das aus ihrer Sicht ›eigentliche Geschäft‹ Zeit zu haben. Die Franzosen empfinden das nicht nur als unhöflich und unkultiviert. Sie bedauern, dass sich die Deutschen am Anfang keine Zeit lassen, ihre Partner wirklich kennenzulernen.« *(Süddeutsche Zeitung 18./19.01.2003, S. 28)*

Die Einschätzung der Franzosen ist verständlich, denn wie viel besser könnten Gespräche über Vertragskonditionen, Liefertermine und technische Spezifikationen geführt werden, wenn sich die Partner kennen und füreinander Sympathie empfinden würden. Dies braucht Zeit, die sich jedoch langfristig auszahlen kann. Es ist nicht effizient, immer möglichst schnell sein zu wollen und dabei keine Zeit in einen gelungenen Anfang zu investieren. Hieraus lassen sich Verallgemeinerungen ableiten:

- *Unterschiedliche Skalen:* von kleinen, alltäglichen bis zu großen Anfängen
- *Erstmals/einmalig:* von erstmaligen beziehungsweise einmaligen bis zu regelmäßig wiederkehrenden Anfängen
- *Vorhersehbarkeit:* von sicher vorhersehbaren bis zu völlig überraschenden Anfängen

Kommen wir zum Gegenstück, zum *Ende* beziehungsweise *Abschluss*. Manches hört einfach auf. Der Schalter wird umgelegt, das Licht geht aus. Etwas geht zu Ende, ohne dass es einen Abschluss gefunden hätte. Dies kann noch lange nachwirken. Vieles von dem, was sich vorher ereignet hat, wird dann noch im Nachhinein entwertet (zu gelingenden Abschlüssen vgl. Geißler 2004c).

> Nehmen Sie Filme als Beispiel: Kaum beginnt der Abspann, strömen viele Besucherinnen und Besucher mit aller Macht aus dem Kino. Der Abspann geht dann in der Geräuschkulisse und Hektik des Aufbruchs unter. Manche Filme wirken dagegen emotional so intensiv, dass man sich ihrem Bann kaum entziehen kann. Viele Besucher des Films bleiben sitzen und erleben den Abspann als Bestandteil des Films bis zum Ende *(Christen 2002)*.

Tipp: Interessierte finden dazu unter dem Titel »Happy end« in Hatzelmann/Held (2005, S. 153) eine kleine Übung zu Abschlüssen in Filmen.

Oder stellen Sie sich einen Konzertabschluss vor: In den letzten Ton hinein setzt ohne zeitlichen Übergang der Applaus ein. Viele rennen los, um als Erste an der Garderobe zu sein. Wie anders kann es im Vergleich dazu wirken, wenn die Musiker den letzten Ton bewusst als Spannungsbogen setzen. Hörbare Stille folgt, und dann erst setzt der Applaus ein. Auch dafür nehmen sich die Zuhörenden ebenso Zeit wie für die vorangehende Musik. Dieser Abschluss ist für alle Beteiligten, die Aufführenden wie die Zuhörenden, ein wichtiger Bestandteil der gesamten Vorstellung. Die Musik kann noch lange in uns nachklingen.

Prüfen Sie ähnlich wie bei den Anfängen, in welchen Situationen Abschlüsse Gewicht haben und wie diese gestaltet werden: Art der Verabschiedung, Zeit zum Rückerinnern, Rituale des Ausklingens und besondere, einmalige Abschlüsse. Werden Aufträge zu einem guten Ende gebracht? Oder geht der Abschluss eher sang- und klanglos, etwa mit einer hektischen Fahrt zum Flughafen, unter?

Literaturtipp: Wer an einer Umsetzung in betrieblichen Organisationen interessiert ist, findet in Klier (2007) Anregungen zum betrieblichen Zusammenspiel von Zeitformen wie Dauer, Warten und Pause.

Achtsamkeit und angemessene Zeit für Anfänge und Abschlüsse haben einen Wert an sich und können sich zudem lohnen.

INTERKULTURELLE ZEITEN

> »In Bayern gehen die Uhren anders« heißt es als Reminiszenz an eine vergangene Zeit, in der die Uhren noch nicht weltweit standardisiert waren. Dennoch finden sich auch heute noch vielfach Unterschiede. Manchmal geht es dabei genau um eine Sekunde! »:*59 seconds. Think a little. Change a lot*« ist das neue Buch von Richard Wiseman überschrieben. Wir brauchen eine Sekunde länger: Die deutsche Ausgabe ist überschrieben mit »Wie Sie in 60 Sekunden Ihr Leben verändern« *(Wiseman 2010).*

»Zeit ist Geld.« Bereits 1748 formulierte Benjamin Franklin diese berühmt gewordene Formel. Er war Nachtkurzschläfer und Siesta-Freund (Zulley/Knab 2009). Würde es ihm heute in der Uhren-Kalender-Welt unvermeidlicherweise schlecht ergehen, da Pausen der allgemeinen Beschleunigung und Tendenz zur Pausenlosigkeit geopfert werden (Nonstop-Gesellschaft, Adam u. a. 1998)? Nein, auch heute erleben wir trotz aller vereinheitlichenden Tendenzen zwischen den Gesellschaften große kulturelle Unterschiede im Umgang mit den Zeiten (Schilling 2005; Gabbani-Hedman 2006; Levine 2009). Zum Teil prallen selbst innerhalb einer Gesellschaft stark unterschiedliche Zeitkulturen aufeinander (zur Einführung empfehlen sich die beiden Klassiker Hall 1983 und Hofstede 2001).

> Nehmen wir ein Beispiel aus der Bankenwelt: Die Banken halten sich in Norditalien an die mitteleuropäischen Zeiten ohne oder mit nur sehr kurzer Mittagspause sowie Schließungszeit in der Regel bereits im Laufe des Nachmittags. Andere Teile der Wirtschaft und Gesellschaft orientieren sich dagegen an der mediterranen Siestakultur. Dies bedeutet eine aktive Phase am Vormittag, eine sehr lange Mittagsruhe und die Öffnung wieder am späten Nachmittag bis in den Abend hinein.

Für ausländische Touristen mag das ärgerlich sein, obgleich sie dank Kreditkarten und Bankautomaten nur noch selten in problematische Situationen kommen. Für viele Italiener ist es dagegen ein Problem, dass zwei so unterschiedliche Grundtypen der Tageseinteilung ihren Alltag prägen. Reibungsverluste und ein erhöhter Abstimmungsbedarf sind die Folge, insbesondere in den Familien, in denen unterschiedliche Zeitstrukturen aufeinander treffen. Die daraus entstehenden Zeitkonflikte führten seit Mitte der 1980er-Jahre in einer Reihe von italienischen Städten zur Entwicklung einer kommunalen Zeitpolitik. Zeitbüros versuchen durch eine bessere Koordination von Zeiten, etwa der öffentlichen Verkehrsmittel, Schul- und Öffnungszeiten von Läden sowie öffentlichen Einrichtungen, Konfliktpotenziale bereits im Vorfeld zu reduzieren. Ähnliche Projekte finden sich inzwischen ebenso in Deutschland (vgl. Deutsche Gesellschaft für Zeitpolitik – www.zeitpolitik.de; Mückenberger/Marjanen/Saal 2010).

Verallgemeinern wir das Beispiel: Der Umgang mit den Zeiten variiert trotz aller moderner Individualisierungstendenzen nicht beliebig individuell. Gesellschaften, Branchen, Firmen, Berufe, Projektteams, Familien, unterschiedliche Altersgruppen, unterschiedliche Herkunftsländer, Frauen/Männer etc. haben spezifische Zeitgewohnheiten. Diese bestimmen wesentlich mit, was im jeweiligen Kontext als akzeptables, weniger oder nicht akzeptables Verhalten gilt. Der Wandel in der Pünktlichkeitskultur ist ein prägnantes Beispiel. Ein weiterer Unterschied wird in der globalisierten Welt immer gewichtiger: Im Wochenrhythmus ist für Muslime der Freitag »unser Sonntag«. Daher sind bei der Zusammenarbeit mit muslimisch geprägten Ländern die unterschiedlichen Wochenenden zu beachten.

Wir sind gut beraten, neben unseren eigenen Eigenzeiten und den temporalen Besonderheiten unseres Umfelds auch diese interkulturellen Zeiten zu verstehen und zu beachten – temporal ein *homo interculturalis* zu werden (den Begriff verdanken wir Isolde Kurz, München).

Nehmen wir den Straßenverkehr. Die Beschleunigungs- und Geschwindigkeitspotenziale sind in den Industrieländern vergleichbar. Dennoch herrscht in Deutschland im Vergleich zu den ansonsten gar nicht so langsamen USA auf den Autobahnen Schnellfahren vor. Nicht nur zwischen den Ländern, sondern auch in den Ländern selbst gibt es große Unterschiede in der Zeitkultur. Nehmen wir etwa die Schweiz: Bei einem Vergleich von 31 Ländern wurde die Schweiz als besonders »zeitbewusst und schnell« eingestuft (*pace of life*; Levine 2009). Innerschweizerisch können wir dagegen große Unterschiede zwischen geschäftigen städtischen Regionen und nahegelegenen Berggegenden erleben.

> **»Unterwegs im Postauto.** Besteigt man gegen Mittag im luzernischen Wiggen das Postauto, scheint die Uhr verzögert die Zeit zu diktieren, und bald einmal glaubt man, diese stehe überhaupt still. […] Eine Frau kündigt beim

Fundstück: »Als Fazit lässt sich festhalten: Das griechische Bildungssystem muss mit den neuen interkulturellen Anforderungen unserer Zeit Schritt halten und mit seinen demokratischen und menschlichen Werten zum neuen Personentyp beitragen, der vollständig entwickelt ist und sich wohlfühlt in unterschiedlichen kulturellen Kontexten, der ›*homo interculturalis*‹.« (Nektaria Palaiologou, eigene Übersetzung)

Chauffeur an, dass sie bei der übernächsten Haltestelle aussteigen wolle. Er möge auf sie warten, sie müsse in der Bäckerei Meringues (›Merängge‹ sagt sie in behäbigem Tonfall) für ihre Enkel besorgen und wolle danach mit ihm weiterfahren. ›Kein Problem‹, meldet der Chauffeur, hält an und lässt die Frau aussteigen. [...] Eine Stunde später entrinnen sie mit dem Chauffeur wieder dem Schattenreich: pünktlich, aber ohne Hast.« (*Neue Zürcher Zeitung, 12.12.2002, Internationale Ausgabe, S. 57*)

Im Prinzip können alle Zeitdimensionen und -formen bis hin zu deren spezifischen Ausformungen kulturell unterschiedlich sein: Pünktlichkeit, Feiertage und andere Festtage, Mahlzeiten, lineares oder eher zyklisches Zeitverständnis, feste zeitliche Ordnungen oder flexibel beziehungsweise durch Spontaneität geprägte Zeitmuster. Diese Zeitmuster und temporalen Verfestigungen können sich ihrerseits in Gesellschaften und in einzelnen Settings sowie Gruppen im Zeitablauf entwickeln. Das Mindmap Zeitkultur gibt einen Eindruck über die vielfältigen Dimensionen von Zeitkulturen.

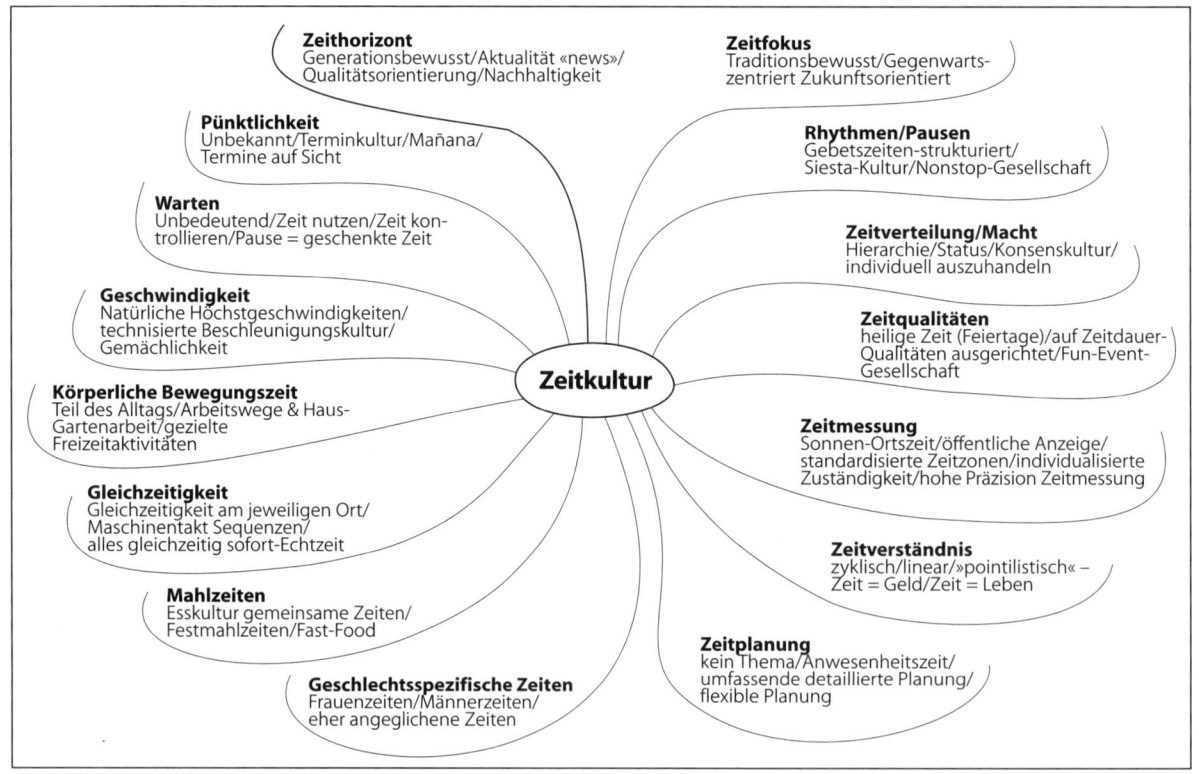

ZEIT = LEBENSZEIT

»Für das Leben habt ihr gelernt, und heute können wir euch nach bestandenem Abitur in das Leben entlassen.« Derartige Aussprüche waren lange Zeit bei Abschlussfeiern beliebt. Erst nach der Schule, nach dem Studium, nach dem Berufsleben, beginnt demnach das »eigentliche« Leben.

Dies ist alles andere als ein altmodisches Beispiel. Vergegenwärtigen Sie sich dazu einmal die heute so attraktive Formel von der *Work-Life-Balance*. Ein anstrebenswertes Ziel, gewiss (Hochschild 2006). Aber darin versteckt ist ein grundlegendes Missverständnis: Die Arbeit wird hier dem Leben gegenübergestellt. Sie ist selbst anscheinend nicht Teil des richtigen Lebens. Auch hier schwingt etwas vom anderen Leben mit, das nicht in der Arbeit selbst stattfinden kann. Demgegenüber gilt:

Arbeitszeit = Lebenszeit

Die Arbeit ist Teil der Lebenszeit, und ein nicht geringer Teil. Dies ist kein geringfügiger Unterschied, sondern diese Einsicht gibt Orientierung für das Leben in der beschleunigten Welt. Sie legt nahe, von der Tendenz, immer mehr aus der Zeit herausholen zu wollen (Zeit = Geld) Abschied zu nehmen. Damit sind wir bei der vierten Grundvorstellung von Zeit angelangt, die zu den drei bisherigen Zeitkonzepten

- Zeit = Uhrenzeit,
- Zeit = Geld,
- Zeit = Vergänglichkeit

dazukommt:

- **Zeit = Lebenszeit**

Darin drückt sich ein Grundverständnis von Zeit aus, bei der die *Eigenwertigkeit von Zeiten* beachtet und wertgeschätzt wird. Eine Haltung, die einen souveränen Umgang mit Zeiten erleichtert – *Zeitsouveränität* als Teil der Zeitkompetenz (dazu ist Klein 2007 zu empfehlen).

Weitere Dimensionen der Zeitkompetenz

ZEITEMPATHIE

Zeitsouveränität – das klingt gut. Es klingt nach eigenen Zeiten. Selbst über seine Zeiten bestimmen können – *zeitsouverän*. Wer möchte das nicht? Gerade weil wir vielfach engen Zeitvorgaben unterworfen sind, sehnen wir uns danach. Da sich neue Möglichkeiten zur Erreichbarkeit wie selbstverständlich in permanente Verfügbarkeit verwandeln, wird die Verteidigung der Eigenzeit zunehmend wichtiger:

- Wir können zeitsouveräner werden, wenn wir unsere eigenen Eigenzeiten besser verstehen und damit umgehen können.
- Ebenso können wir zeitsouveräner werden, wenn wir Eigenzeiten unseres Umfelds erkennen und diese besser berücksichtigen: Zeiten des Partners, der Kinder, Eltern, Freunde, Kollegen, Nachbarn.
- Es kann uns sogar noch weiter bringen, wenn wir uns mehr für die Eigenzeiten anderer interessieren als nur für unsere eigenen Eigenzeiten.

Bei manchen Tätigkeiten ist das offenkundig, etwa beim Rudern. In einem Artikel über zwei erfolgreiche Ruderinnen wird dies anschaulich beschrieben:

> »**Reiner Rhythmus** – Wie die Leichtgewichts-Ruderinnen Blasberg und Radünzel zueinander fanden. ›Als ich das erste Mal mit Janet ins Boot gestiegen bin, habe ich gedacht, nein – also das funktioniert nie.‹ Es dauerte lange, bis die beiden den Gleichklang herausgefunden hatten und in ihrer Klasse Weltmeisterinnen wurden. Der Erfolg hängt beim Rudern neben der Kondition und der Technik von der nahezu reibungslosen Synchronisierung der Rhythmen der Ruderinnen ab.« *(Süddeutsche Zeitung Nr. 218, 20.09.2002, S. 33)*

Nicht in allen Lebensbereichen ist dies vergleichbar gewichtig. Dennoch handelt es sich nicht um eine Anforderung für einige isolierte Spezialfälle. Ganz im Gegenteil: Wenn wir für die *Zeiten anderer* offen sind, ihre zeitlichen Besonderheiten und Bedürfnisse, tun wir uns im Leben leichter: beim Timing ebenso wie beim Zusammenspiel unterschiedlicher Eigenrhythmen und -geschwindigkeiten. Bei manchen Paaren ist die Frau beispielsweise eine ausgeprägte Lerche und der Mann eine ausgeprägte Eule (oder umgekehrt). Viele dieser Paare kommen in ihrer Unterschiedlichkeit sehr gut miteinander zurecht. Andere plagen sich gegenseitig, ohne die tiefere Ursache ihrer Alltagskonflikte zu erkennen.

Zeitempathie – ein weites Feld. Finden Sie für sich selbst heraus: In welchem Bereich, bei welchen Personen ist das für Sie in nächster Zeit besonders interessant und für Ihren Umgang mit den Zeiten und Ihre Zeitkompetenz ergiebig?

Literaturtipp: Empathie wird zwischenzeitlich intensiv öffentlich diskutiert. Rifkin (2010) apostrophiert dies gar als zivilisatorische »Schlüsselkompetenz«. Interessierte können bei Autoren wie etwa Damásio und Tomasello die neuesten Ergebnisse zur Empathieforschung finden.

Übung 25: Zeitempathie *(Erlebnis)*

Übernehmen Sie bei dieser Partnerübung probehalber, falls Sie nicht ohnehin gemeinsame Gewohnheiten haben, an einem Wochenende die Gewohnheiten Ihres Partners. Am Samstag organisiert beispielsweise die Frau den Tag, am Sonntag der Mann. Eine Woche später ist es umgekehrt. Erleben Sie den Rhythmus, die Geschwindigkeit und Eigenzeit Ihres Partners, ohne diese zu bewerten. Genießen Sie es, in die Welt des anderen für eine begrenzte Zeit einzutauchen.

Ein Beispiel: Naturfreundin und Museumsfreak. Ein befreundetes Ehepaar entschloss sich zu dieser Übung. Am Samstag standen beide morgens etwas nach fünf Uhr auf. Die Frau hatte eine leichte Bergtour ausgewählt, die auch für den im Wandern untrainierten Mann gut zu bewältigen war. Obwohl der Tagesablauf für den Partner sehr ungewöhnlich war, genossen sie einen schönen Tag. Da der Mann das Wandern nicht gewöhnt war, war er abends bald müde und ging früher als sonst zu Bett, so wie es dem Rhythmus der Frau entsprach.

Den Sonntag organisierte der Mann. Langes Ausschlafen war seine Devise. Für seine Frau war es ungewöhnlich, so lange im Bett zu bleiben. Nach einem Brunch in seinem Stammlokal freute sie sich schon auf seine Pläne. Um 13 Uhr ging es in die Stadt. Zwei Museen und ein Besuch in den jeweiligen Cafés standen auf seinem Programm. Der Ausflug endete abends in einem schönen Restaurant.

Seit dieser Übung haben die beiden ein besseres Verständnis für den Rhythmus des anderen, und es fällt ihnen leichter, ihre Verschiedenheiten zu akzeptieren.

Tipp: Sie machen beide je für sich die Übung 22 »Entdecken Sie Ihre Chronotypen« beziehungsweise eine andere Übung, die Ihnen beiden besonders Spaß macht, die Sie besonders anspricht. Anschließend tauschen Sie sich über Ihre Erfahrungen aus, um damit ein vertieftes Verständnis für die Zeiten des Partners zu bekommen. Die Übung kann man außerdem auch gut mit Kindern in der Familie machen.

KAIROS UND CHRONOS

Mythras-Kairos
∞ Augenblick-Chance

Kairos und Chronos – diese griechischen Gottheiten sind bis heute für unser Zeitbewusstwein von Bedeutung. *Chronos* (griechisch: χρόνος) steht für den chronologischen Ablauf der linear gedachten Zeit. Diese nunmehr säkularisierte Zeitvorstellung wird von vielen mit »der Zeit« gleichgesetzt. In den letzten Jahren findet auch der *Kairos* (griechisch: καιρός) wieder Beachtung. Dieser steht für den geeigneten Moment. Für viele ist diese Zeitvorstellung jedoch noch immer so etwas wie der »kleine Bruder« der »eigentlichen«, sprich der chronologischen Zeit. Doch mit dieser Sicht verfehlen wir das Verständnis der Zeiten und damit die Grundlagen unseres Umgangs mit ihnen.

In Werken frühgriechischer Schriftsteller können wir nachvollziehen, wie sich die *Zeitvorstellungen herausbildeten*, die deren weitere Entwicklung bis heute so nachhaltig prägen. Wir können gleichsam ihren Geburts- und frühen Entwicklungsprozess nachempfinden (philosophisch Interessierten empfehlen wir Theunissen 2000): Zu Beginn der überlieferten Übermittlung war bei den Vorklassikern im alten Griechenland die Vorstellung des »Chronos« noch nicht ausgebildet. Vorherrschend für die Zeitvorstellungen war damals der »Tag«. Das meinte nicht einfach unsere heutige Vorstellung von Tag und Nacht, sondern umfasste gleichermaßen ein schicksalhaftes »Dem-Tag-Ausgesetztsein der menschlichen Existenz« (Theunissen 2000, S. 14). Vergleichbares findet sich noch heute in Horoskopen und Wertungen bestimmter Tage.

Der sich in der Antike herausbildende Chronos entsprach noch keineswegs unserer heutigen linearen Zeitvorstellung der Uhrenzeit-Welt. Vielmehr umfasste Chronos noch lange Zeit unterschiedliche Bedeutungsanteile wie etwa den Aspekt des rechten Moments. Diese Vorstellung spaltete sich im Laufe der Vorklassik ab und wurde nunmehr ausschließlich dem Kairos zugeordnet. Chronos löste in dieser Phase der Vorklassiker den Tag als dominante Zeitform ab.

Unter »chronologischer Zeit« wurde dennoch nicht ausschließlich die reine Zeitdauer eines Vorgangs verstanden. Chronos umfasste vielmehr – wie alle Zeitformen – einen *spezifischen Bedeutungsgehalt*. Die geschichtliche Zeit eines Zeitablaufs und einer bestimmten Zeitdauer gehörten für die Griechen wesensgemäß zum Chronos. Wir meinen üblicherweise, dass dies heute anders wäre und die chronologische Zeit qualitätslos abstrakte Zeiteinheiten bedeuten würde. Dies ist jedoch nicht die ganze Wahrheit. Eine bestimmte Zeitdauer kann etwas sehr Unterschiedliches bedeuten, je nachdem, wie etwas zeitlich abläuft und wann genau etwas in welchem Kontext stattfindet.

Wenn wir den Kairos vernachlässigen beziehungsweise als etwas Nachrangiges behandeln, vernachlässigen wir eine dem Chronos vergleichbar grundlegende Dimension der Zeit. Stellen Sie sich *Zeitfenster* vor – *Fenster der Gelegenheiten* (vgl. Koehler 2008).

> Ein Beispiel: In der Raumfahrt gibt es bestimmte Konstellationen, in denen für kurze Zeit weit entfernte Kometen aufgrund einer günstigen Konstellation erreichbar sind. Verpasst man eine derartige Gelegenheit, kann es viele Jahre oder gar Jahrzehnte dauern, bis sich wieder eine vergleichbare Chance ergibt. Ähnliches gilt in Unternehmen. In der Phase des Erarbeitens von Budgets und Zeitplänen bis hin zur Beschlussfassung kann man mit vergleichsweise geringem Aufwand Mittel absichern. Verfehlt man diese Zeit, so kann man später mit noch so großem Aufwand kaum etwas bewegen. Eine erneute Gelegenheit eröffnet sich erst wieder bei der nächsten Budgetrunde. Vergleichbares gilt bei Stellenbesetzungen.

Auch in der Politik ergeben sich regelmäßig in bestimmten Rhythmen und Zeitplänen wiederkehrende Gelegenheiten (Wahlperioden, Rechnungsjahr, Quartalstermine, Projektzyklen und etliches mehr). Daneben gibt es einmalige beziehungsweise unregelmäßige Gelegenheiten, auf die man sich vorab einstellen kann.

Davon verschieden ist der Kairos. Kairos ist nicht planbar. Wir können unsere Wahrnehmung schärfen und sich ergebende Chancen erkennen. Oder wir verfehlen derartige Momente, wie der Junge in der Karikatur (s. S. 130), und übersehen günstige Momente aufgrund unserer Unachtsamkeit und Abgewandtheit. Der Gehalt des Kairos kann recht unterschiedlich sein: Eine besondere Erkenntnis (»Heureka«), das lang ersehnte, fehlende Glied in der Kette; ein Durchbruch beim Erwerb einer bestimmten Fertigkeit; eine genau passende Stellenausschreibung; der Partner fürs Leben.

Kairos – der geglückte Moment

- Ursprünglich bedeutet es: griechische Gottheit, Gegenstück zu Chronos;
- Bedeutungsgehalt: der rechte Augenblick oder der geglückte Moment;
- mehrere Umstände müssen zusammenkommen;
- einerseits günstige Umstände (Chance, Geschenk, Glück);

- andererseits muss man die Gunst des Augenblicks erkennen und entschlossen nutzen;
- das Zusammentreffen dieser beiden Aspekte ist von besonderer Qualität: ein unverfügbares Geschenk, nicht selbst herbeiführbar, kein aktives Ergreifen und Handeln;
- es ist etwas eher Seltenes, Besonderes; zudem dauert es nicht lange Zeit an, ist nichts Permanentes.

Wie der Kairos bezieht sich auch *Just-in-time* auf einen spezifischen Zeitpunkt. Der besondere Gehalt des rechten Augenblicks wird noch augenfälliger, wenn wir die beiden einander gegenüberstellen.

Merkmale von Kairos und Just-in-time

- Beides bezieht sich auf bestimmte Zeitpunkte (»Augenblicke«).
- Just-in-time: Bewusst geplante Zeitpunkte, das heißt, man versucht, Zeiten zu kontrollieren.
- Kairos ist nicht selbst verfügbar oder planbar.
- Just-in-time nutzt verfügbare Planungstechniken.
- Zu Kairos gibt es keine einfachen Erkennungsmerkmale und Techniken; es kann jedoch Offenheit und Aufmerksamkeit für entsprechende Situationen geübt werden.
- Für Kairos ist Spontaneität und Flexibilität wichtig, das Gegenstück zu starrer Planung wie bei Just-in-time.

AUFMERKSAMKEIT UND PRÄSENZ

Immer häufiger spalten wir unsere Aufmerksamkeit auf: zwischen E-Mail und iPod, zwischen anwesenden Personen und Menschen, die gleichzeitig über das Handy anrufen, zwischen dem gegenwärtigen Augenblick und der Planung des nächsten (Wallace 2008). Eine »Kur« für unsere zur schlechten Gewohnheit gewordene chronische Ablenkbarkeit bieten Meditationen aller Art:

> Worauf wir unsere Aufmerksamkeit richten, ist für den Moment Realität.

Fundstück: Wired to an addiction
Multitaskers get – and need – the rush »It's hard to concentrate on one thing.« he said, adding: »I think I have a condition.«
(International Herald Tribune)

Übung 26: Meine Mitte finden *(Bildmeditation)*

Die Meditation hat einen festen Platz in nahezu allen Kulturen. »Die Mitte finden«, innere Ruhe und Kontakt zu sich selbst sind Grundlage jeder Meditation. Sie hilft vielen Menschen, zum Beispiel nach einem hektischen Arbeitstag, wieder innere Ruhe und Kraft zu finden. Neben dieser Funktion bietet Meditation eine darüber hinausgehende eigene Qualität an, die mit spirituell umschrieben werden kann. Den Zugang zu seinen wahren Interessen und übergeordneten Prinzipien, zu Gott, dem Göttlichen finden.

Formen christlicher Kontemplation erleben eine Renaissance. Etwa das »liebende Erkennen (Kontemplation)« des Meister Eckhart (1260–1328) oder des Johannes vom Kreuz (1542–1591). Atemübungen, Meditieren mithilfe eines Wortes, Weg der Hingabe und Liebe, Wahrnehmen des eigenen Seins und andere Zugänge haben bei allen Unterschieden große Ähnlichkeiten mit östlichen Meditationspraktiken. Besonders stark rezipiert wurden bei uns verschiedene Formen der Zen-Meditation. Das Wort »Zen« kommt vom indischen Sanskritwort »Dhyana« und bedeutet »Sammlung«. Die Übungsform heißt genau genommen »Za-Zen«: »gesammelt sitzen, um den Geist zu sammeln«. Es ist eine Methode, die von Indien über China nach Japan kam, dem heutigen Zentrum des Zen-Buddhismus. Die richtige Körperhaltung (aufrechtes Sitzen) und Methoden zur Erlangung der inneren Ruhe sind dabei grundlegende Elemente. Deshalb sollte man am Anfang einen Meditationskurs besuchen. Zur Einführung sind Kabat-Zinn (2001) und Hatzelmann (2006) zu empfehlen.

Bildmeditation
Nehmen Sie sich für eine bestimmte Tageszeit eine Auszeit. Suchen Sie sich dafür einen Ort, an dem Sie ungestört sind. Wählen Sie vorab ein inspirierendes Bild aus, das

Sie entweder direkt anschauen können oder von dem Sie eine klare Erinnerung haben. Es empfiehlt sich, ein möglichst einfaches Motiv zu wählen, damit Sie sich gut darauf konzentrieren können. Betrachten Sie das Bild und lassen Sie sich überraschen, welche Wirkung sich zeigt. Nehmen Sie es als Ganzheit wahr, atmen Sie ruhig und lassen Sie auftauchende Gedanken einfach vorbeiziehen.

Variation
Für viele Meditationsmeister ist das ganze Leben eine Meditation. So kann buchstäblich alles eine Anregung für einen tiefen Moment der Sammlung geben. Am Morgen die ersten Minuten des Aufwachens, die Beobachtung des Sonnenaufgangs, das Wahrnehmen von spielenden Kindern oder ein Schneetreiben im Winter sind Beispiele für vielfältigste Möglichkeiten des Innehaltens. Ganz normale Alltagssituationen, denen man oft wenig Beachtung schenkt, bieten sich besonders an.

Aufmerksamkeitsdefizitsyndrom (ADS/ADHS) – noch vor zehn Jahren hätten vermutlich nur wenige etwas mit diesem Begriff anfangen können. Seit einigen Jahren ist dies dagegen ein gängiges Thema. Dabei geht es nicht mehr nur um Kinder, sondern um ein übergreifendes Phänomen. Der Verbrauch der entsprechenden Medikamente hat sich in den letzten Jahren vervielfacht. Bei Aufmerksamkeitsstörungen liegt oft keine tatsächliche »Krankheit« vor, wie es der Syndrombegriff nahelegt. Fachleute nennen es deshalb »Pseudo-ADS«, mit nicht weniger schwerwiegenden Folgen. Die Zeitspanne, in der Betroffene für eine Sache Aufmerksamkeit aufbringen können, verkürzt sich. Konzentrationsfähigkeit und Kreativität nehmen ab.

Dazu werden wir durch die neuen Vernetzungsmöglichkeiten (»Black-Berry-Syndrom«) verführt. Was zunächst als neue Chance für mehr Mobilität sehr positiv aufgenommen wurde, erfährt damit zwischenzeitlich häufig einen anderen Beigeschmack: »Informationsflut«, »bei der Arbeit gelähmt« und »entscheidungsunfähig«, so lauten nun die Schlagworte. Der populäre Bestseller von Schirrmacher (2009) ist ein Beispiel dafür, wie schwer es fällt, mit den neuen Informationsmöglichkeiten angemessen umzugehen (Tenzer 2010). Die Ergebnisse der modernen Gehirnforschung unterstreichen den lebenswichtigen, rhythmischen Wechsel von Off- und Online: »Offline-Modus: Sobald der Mensch innehält, ordnet das Gehirn sein Netzwerk aus Milliarden Nervenzellen neu.« (Die Zeit, Nr. 1, 30.12.2009, S. 34)

Die Folgerungen liegen auf der Hand: Lernen Sie, sich zu begrenzen und nur ausgewählte Informationen an sich herankommen zu lassen. Filtern Sie die überquellenden Informationen aus, bevor sie in die vier aus dem Zeitmanagement bekannten Quadranten überhaupt Eingang finden. Eine unveränderte, weiterhin auf Zeitkontrolle gerichtete Grundeinstellung erschwert das.

Tipp: Dazu eignet sich die Übung *Off-Line* in Hatzelmann/Held (2005, S. 185). Zur Einführung ist auch Meckel (2007) zu empfehlen.

Diese Haltung können wir mit der bekannten Gleichung aus der Physik umschreiben: »Arbeit ist Leistung pro Zeit«, das heißt, wenn wir schneller pausenlos gleichzeitig mehr machen, leisten wir mehr. Es wird eine lineare Beziehung unterstellt: Mehr vom Gleichen zu tun sei besser als weniger. Mehr E-Mails sind jedoch nicht notwendigerweise besser als weniger, um ein für viele aktuell relevantes Beispiel zu wählen. Lernen Sie, unter der Vielzahl der Optionen auszuwählen und von einer ständigen Verfügbarkeit Abschied zu nehmen.

Sprechen, zuhören und verstanden werden, das will gelernt sein (vgl. Eckert 2010). Dazu gehört nicht nur, was bei der Kommunikation typischerweise im Vordergrund steht, die Art der Präsentation und des Sprechens. Grundlegend ist vielmehr für das Zuhören die Aufmerksamkeit (Imhof 2008).

Zur Schulung der Zuhörkompetenz ist es vorteilhaft, sich die vier Stufen des Zuhörens ausdrücklich bewusst zu machen (Imhof 2008):

- Zuhörabsicht,
- Selektion des Gehörten,
- Organisation sowie
- Integration.

Literaturtipp: Im Vortrag von Elmar Hatzelmann »Zeitkrankheiten – Preis moderner Zeiten? Anregungen zur Verhinderung des Krankheitsausbruchs« (Tutzinger Zeitakademie 08.05.2010) ist dies ausführlich nachzulesen. (www.hatzelmann.de.)

Fundstück: »Zuhören ist die erste Sprachkompetenz des Menschen im Leben.« (Margarete Imhof)

Modell vom Zuhören als mehrstufigem Prozess der Informationsverarbeitung im zeitlichen Ablauf © Imhof

Tipp: Als Übungsbuch zur Sprecher- und Hörerzeit eignet sich Eckert (2010). Kostprobe: »Über die kommunikativen Fähigkeiten eines Mannes: ›Er redet viel zu laut, vom Hören ganz zu schweigen.‹« Vgl. auch Stiftung Zuhören (www.stiftung-zuhören.de) und International Listening Association (www.listen.org).

Gerade unter Zeitdruck und bei ständigen Ablenkungen durch eingehende E-mails, SMS-Nachrichten und dergleichen ist es besonders wichtig, nicht nur physisch anwesend zu sein, sondern aufmerksam und tatsächlich präsent zu sein. Bei Teamsitzungen, Gruppengesprächen ebenso wie bei privaten Gesprächen ist das Zuhören-Können besonders gefragt. Dann wirken nämlich Zeitdruck und Terminvorgaben wie draußen vor der Tür gelassen. Es kann sich eine Intensität der Debatte entwickeln, die für eine Weile eine starke Eigendynamik entfaltet: eine Gesprächsatmosphäre, die Vertrauen und Verständnis fördert.

Wie schon erwähnt, ist der erste wesentliche Schritt die *Aufmerksamkeit* und *Präsenz*, die wir so schätzen, wenn wir mit Menschen zusammen sind. Ein Beispiel bietet uns der Dirigent eines Orchesters:

> **Präsenz**: Ein Dirigent großer Orchester, zugleich Musikproduzent, referiert mit Hörbeispielen vor vollem Saal über die Kunst, sehr viele Musikerinnen und Musiker zu einem Klangkörper zusammenzubringen. Präzise Einsätze spielen ebenso eine große Rolle wie das Zusammenspiel der vielen Einzelpersönlichkeiten. Es geht um Tempi, Beschleunigung, Verlangsamung und Rhythmen. Es geht um das Gefühl, über die handwerkliche Beherrschung hinausgehend, jeweils neu die Stimmung für genau diesen Moment zu treffen. Nicht mechanisch das Geübte zu reproduzieren, sondern ganz im konkreten Augenblick hier und jetzt präsent zu sein und in seinem Vortrag aufzugehen. Konzentriert, inspiriert und inspirierend. Das Faszinierende: Die Präsenz und Konzentration des Vortragenden strahlt auf das Publikum aus zu einem dichten Moment. Es vermittelt die Atmosphäre eines Augenblicks, der in Wahrheit etwa eine Stunde währt.
> *(Martin Held, Erfahrung aus einer Tutzinger Tagung)*

Derzeit wachsen die stationären und mobilen Kommunikationstechniken immer weiter zusammen. Noch mehr Daten werden noch schneller in verschiedensten Formen verfügbar sein. Stellen wir uns darauf ein, um unsere Konzentrationsfähigkeit und Präsenz für wichtige Vorgänge, Aufgaben, Gespräche und Menschen in dieser Welt zu bewahren.

Übung 27: Da-sein *(Naturbeobachtung)*

Bücher zum Thema Aufmerksamkeit liegen im Trend. Sie helfen, einen Einstieg zu finden und bieten Übungen an. Achtsamkeit zu finden und zu pflegen ist jedoch keine schnelle Angelegenheit, keine Sache einer einmaligen Übung und »dann hat man es«. Denn Achtsamkeit hängt eng mit der eigenen Lebenseinstellung und den gewohnten Verhaltensmustern zusammen. Sie will kultiviert werden. Es geht nicht darum, »besser zu werden«, sondern mit Freude sich selbst und seine Umwelt aufmerksam zu erleben. Hierzu bietet sich die Natur als ein Übungsfeld an.

Grundübung

Für diese Übung brauchen Sie nichts außer Zeit. Gehen Sie an einen Ort draußen in der Natur, den Sie für eine derartige Schärfung der Aufmerksamkeit und der Sinne für geeignet halten: Suchen Sie einen bestimmten Baum, eine Stelle an einem Bach, Blumen, Steine. Orte können geeignet sein, weil Sie dazu eine besondere Beziehung haben oder deren Ausstrahlung spüren. Finden Sie an Ort und Stelle in Ruhe heraus, ob diese – zuvor gedanklich imaginierte – Stelle passt. Wählen Sie einen geeigneten Ausschnitt: Ist es ein kleines Stück Wiese oder sind es »nur« einige Blumen? Ist es ein ganz bestimmter Baum oder ist es dieser Baum mit seinem Standort und der Umgebung?

Suchen Sie nun eine bequeme Haltung, in der Sie den ausgewählten Ausschnitt gut im Blick haben. Lassen Sie sich Zeit und begeben Sie sich auf Entdeckungsreise. Beobachten Sie für eine kurze oder lange Weile nur diese eine Stelle. Wenn Störungen auftreten, kommen Sie danach wieder zurück zu dieser Wahrnehmung. Bemühen Sie sich, ganz bei der Sache zu sein.

Wenn Sie dies lange genug gemacht haben, lösen Sie sich ganz langsam aus Ihrer Haltung und nehmen Sie sich Zeit für einen Übergang, der Sie wieder zum größeren Ganzen zurückkommen lässt.

Wiederholen Sie diese Übung an der gleichen Stelle. Wählen Sie dazu verschiedene Wochentage und Tageszeiten, bei unterschiedlichen Windverhältnissen und Temperaturen, bei Tageslicht ebenso wie in der beginnenden Dämmerung. Versuchen Sie, auf die Nuancen zu achten, wenn sich beispielsweise das Licht im Laufe der Wochen jahreszeitlich fast unmerklich ändert.

Variation der Übung

Suchen Sie bei Gelegenheit einen Nationalpark oder ein Wildnisgebiet nahe von Städten auf. Gehen Sie auf einem der Wege spontan los und lassen sich von der ursprünglichen Natur anmuten. Wenn eine Stelle Sie ganz besonders anspricht, Ihnen »etwas zu sagen hat«, verweilen Sie dort. Nehmen Sie sich Zeit, um herauszufinden, ob diese Stelle tatsächlich geeignet ist. Wählen Sie wieder einen Ausschnitt und verweilen Sie dort aufmerksam an dieser Stelle.

Tipp: Die Naturbeobachtung kann zur Übung unterschiedlichster zeitlicher Problemstellungen verwendet werden. Als Einstieg in die Übung ist Grober (2006) zu empfehlen.

ENTSPANNUNG UND GELASSENHEIT

Entspannung – gerade in Hochdruckzeiten sind Wellness und Entspannungsmethoden angesagt. Die Sehnsucht danach ist gleichsam die Kehrseite des Zeitdrucks. Aber wie gesagt: Wir Menschen sind keine Maschinen, einfach Schalter umlegen, abschalten, auftanken. Solange man in dieser mechanischen Denkweise verfangen bleibt, fällt es schwer, wirklich zur Entspannung zu kommen, denn Entspannung und Spannung gehören zusammen. Es geht um den Spannnungsbogen von Aktivität und Ruhe im *Rhythmus der Zeiten* (vgl. Schmidbauer 2002). Angesagt ist also nicht, zum angespannten Lebensstil einige Entspannungstechniken rein funktionalisierend einzusetzen. Vielmehr geht es um die Eigenqualität von Spannung-Entspannung.

Entspannung kann man auf unterschiedliche Weise erreichen: direkt über Ausruhen und Schlaf oder über körperliche Aktivitäten, die nach einer sitzenden Tätigkeit zur Entspannung beitragen – zum Beispiel nach langen, im buchstäblichen Sinn des Wortes »Sitzungen« im Garten zu arbeiten, Rad zu fahren oder zu joggen.

Im *Rhythmus* von Aktivsein und Entspannen können Ruhe, Schlaf, Nichtstun guttun. Dabei geht es nicht um »perfekte Entspannung«. Vielmehr besteht die Kunst darin, loslassen zu können und eine *angemessene Spannung* für sich zu finden. Das alles zu seiner Zeit. Dazu gehört es, zu erkennen, wann was »seine Zeit hat«. Dies geht weit über die gängigen Anleitungen von Zeitplanung und Synchronisation hinaus. Unsicherheit und Überraschungen werden nicht mehr als störend angesehen, sondern Rhythmen sind mit ihren Variationen ein selbstverständlicher Teil des Lebens. Wir leben mit und in ihnen.

Für Erwachsene, die das in der Welt der Uhren-Kalender-Zeit verlernt haben, gibt es einen einfachen Weg, sich dieser Art Zeit wieder anzunähern. Sie können etwas mit Kindern zusammen unternehmen und für sie Zeit haben, ohne nach der Uhrzeit zu planen. Angesichts der Zeitenkonditionierung unserer Kultur ist dies für viele Menschen eine große Herausforderung:

Etwas tun und lassen können – so kann Gelassenheit entstehen.

Im Zeitmanagement waren lange Zeit rein auf Kognition setzende Checklisten und Vereinheitlichung dominant. Damit werden Körper und Seele vernachlässigt. Für Gesundheit, Wohlbefinden und Leistungsfähigkeit ist diese Ausgrenzung von Nachteil. In neueren Entwicklungen des Zeitmanagements wurde dies erkannt: Das alte Paradigma wird durch Hinweise auf die Notwendigkeit körperlicher Entspannung und seelischem Ausgleich ergänzt. Lernen Sie nachfolgend eine grundlegende Methode kennen, in der der Zusammenhang von Körper und seelischem Empfinden gepflegt werden kann.

Viele Übungen zur Verbesserung des Körperbewusstseins und der Entspannung bauen auf der Eutonie auf. Die Methode der folgenden Übung stammt von Gerda Alexander, die als Rhythmiklehrerin arbeitete. Sie entdeckte, dass es weniger auf die Entspannung als vielmehr auf eine angemessene Spannung im Körper ankommt. Sie beobachtete, dass jede menschliche Bewegung aufbauend/regenerierend oder abbauend/degenerierend wirken kann: eutonisch oder dystonisch. Der Tonus (das Spannungsgefüge der Gesamtmuskulatur) wird sowohl von der physischen Motorik als auch der Psyche beeinflusst. Rein mechanisch ausgeführte Bewegungen (zum Beispiel Maschineschreiben) rufen auf die Dauer meist Blockaden und Verspannungen hervor. Bewegungsabläufe, die man bewusst ausführt, können dagegen nicht mechanisch werden. Daher wirkt sich ihre Körperschule auf das vegetative (Atmung, Blutzirkulation, Stoffwechsel) und motorische Nervensystem (willkürliche Bewegungen) und damit auf grundlegende Körperrhythmen aus.

Eutonische Übungen beginnen meist mit der Wahrnehmung der Hautsensibilität und gehen dann allmählich tiefer in den Körperraum (Muskulatur und Skelett). Manchmal werden Gegenstände (Tennisball, Bambusstäbe, kleine Holzkugeln) eingesetzt, um Form und Lage des Körpers zu entdecken. Aufgrund des durch Eutonie verbesserten Ich-Bildes (räumliche Lage, Spannungszustand im Halteapparat) entsteht körperliche Flexibilität und damit auch mehr geistige Beweglichkeit. Bei der nachfolgenden Übung kommt es nicht auf die Quantität, sondern auf die Qualität der Bewegungen an (zur Einführung Kjellrup 2006; www.eutonie.de). Sie können die Übung auf verschiedenen festen Unterlagen (Bett, Boden) ausführen und beliebig variieren. Vermeiden Sie dabei aber mechanische Bewegungsabläufe. Beginnen Sie in der Übung langsam und vermeiden Sie hastige Bewegungen.

»Schule in Bewegung« ist, von der Schweiz ausgehend, eine neue interessante Initiative. Zur Schule gehört deutlich mehr körperliche Aktivität als dies bisher gängig war. Dazu gehört der Rhythmus von Aktivität und Ruhe. Entsprechend kann die folgende Übung beispielsweise im Projektunterricht von Fachpersonen eingeführt werden und anschließend von den Lehrkräften in den Schultag eingebaut werden.

Übung 28: Den Körper spüren *(Eutonie)*

Tipp: Wenn Ihnen dieser Zugang zusagt, bietet es sich an, einen Kurs in Eutonie zu besuchen.

Legen Sie sich bequem mit ausgestreckten Beinen auf den Rücken. Lassen Sie das rechte Knie, wie von einem unsichtbaren Faden gezogen, langsam hochziehen, bis die Fußsohle fest auf dem Boden steht. Wichtig ist, das Bein nicht aktiv aufzustellen oder hochzuheben, sondern passiv wie bei einer Marionette von der Kniescheibe heben zu lassen. Der Fuß bleibt dabei immer in Berührung mit dem Boden. Genauso lassen Sie Ihr linkes Bein hochziehen. Bewegen Sie sich langsam und spüren Sie die Veränderung im Rücken. Nun ziehen Sie Ihr Knie langsam zur Schulter hin. Achten Sie genau auf jede Nuance der Gewichtsverlagerung. Lassen Sie die Knie einige Zentimeter nach rechts, dann nach links sinken. Nehmen Sie die Bewegungen in allen Einzelheiten im zeitlichen Ablauf und in ihrer zeitlichen Ausdehnung wahr.

In Untersuchungen zum subjektivem Wohlbefinden zeigt sich: Aktive Zeiten, in denen man selbstbestimmt tätig ist, führen gegenüber rein passiv-rezeptiven Tätigkeiten zu größerem Wohlbefinden. Zu sinnerfüllter, selbstbestimmter Aktivität zu finden ist ebenso Teil der Entwicklung von Zeitkompetenz wie sich entspannen zu können (vgl. Reinhard 2009).

Fundstück: »Muße braucht Zeit.« (Hartmut Rosa)

Muße ist ein besonderer Moment von Ruhe und Gelassenheit. Muße kann Kontemplation bedeuten: in der Natur sein, Gedichte oder anderes zu lesen, zu meditieren. Die Formen, die die Einzelnen für sich finden, sind vielfältig. Manche sind dabei spezifisch für eine bestimmte Lebensform wie in der folgenden Geschichte.

> **»Zeitwohlstand.** In einem gut besuchten Münchner Biergarten, an einem langen, lichten Juniabend, setzt sich ein älterer Einheimischer, der an seiner stoisch-immobilen Gelassenheit sowie an seiner Kleidung als Bayer zu erkennen ist, mit einer Maß Bier an einen der halb leeren Tische. Andere, junge, sportliche Menschen setzen sich ihm gegenüber, packen einen Wurstsalat aus und trinken dazu koffeinhaltige Limonade. Diese ungewöhnliche Komposition von Speis und Trank vermag den schnauzbärtigen Bayern nur für einen kurzen Moment in seiner kontemplativen Ruhe zu stören. Ein zweiter Liter Bier muss her, damit die Ruhe des Gemütes wieder die richtige Balance findet, und dann, eine halbe Stunde später, eine dritte Maß. Einen der umtriebigen jüngeren Colatrinker am gleichen Tisch irritiert dieser Sachverhalt sichtbar und hörbar: ›Wissen Sie eigentlich‹, so seine suggestive Frage an den Tischnachbarn, ›wissen Sie eigentlich, dass man langsam blöde wird, wenn man so viel Bier trinkt?‹ ›Wieso‹, die unaufgeregte Antwort des Bayern, ›wieso, ich hab doch Zeit.«
> *(Karlheinz A. Geißler: Wart'mal schnell. Minima Temporalia 2004a, S. 231)*

Übung 29: Gesichtsspaziergang *(Kurzentspannung)*

Diese Übung hilft Ihnen, Ihr Gesicht zu entspannen und innere Ruhe zu finden. Suchen Sie sich einen passenden Ort und setzen oder legen Sie sich gemütlich hin. Lesen Sie die Anleitung durch. Wenn Sie diese Übung ein paarmal durchgeführt haben, können Sie die Reise durch das Gesicht ohne Anleitung durchführen. Diese Art der Entspannungsübung ist sehr kurz. Sie kann auch zwischendurch immer wieder gemacht werden. Die Uhrzeitangabe soll Ihnen nur einen ungefähren Anhaltspunkt geben.

Richten Sie Ihr Bewusstsein auf Ihren Körper und auf Ihr Gefühl im Gesicht. Bleiben Sie während des Spaziergangs mindestens zehn Sekunden bei dem jeweiligen Abschnitt und gehen Sie dann weiter.

Beginnen Sie nun Ihre Aufmerksamkeit den Lippen zuzuwenden. Sie spiegeln die kleinsten Nuancen des Denkens wider und sind oft aussagekräftiger als viele Worte. Die Lippen können vom breiten Lachen über das sanfte Mona-Lisa-Lächeln bis zum Schmollen alles zeigen. Diese Sprache ist universell und wird von allen verstanden. Stellen Sie sich ein aufkommendes Lächeln vor. Beobachten Sie, ob allein schon diese Stellung ein kleines inneres Lächeln mit auslöst.

Das Kinn ist der nächste Ort auf unserem Weg. Entspannen Sie dort sämtliche Muskeln und nehmen Sie diese Stelle innerlich wahr. Widerstände und Aggression setzen sich gerne am Unterkiefer fest. Jeder kennt das Zähneknirschen als Vorbereitung auf einen Kampf, ob real oder in Gedanken. Lösen Sie Ihre Zahnreihen voneinander, so als hätte hinten zwischen den Backenzähnen eine halbe Mandel Platz.

Über die Wangen kommen wir zu den Ohren. Stellen Sie sich deren Größe und Umfang vor. Manche Menschen können ihre Ohren bewegen. Wandern Sie weiter symmetrisch zu den Schläfen. Spüren Sie die Fläche. Wenn Sie Ihre Aufmerksamkeit langsam in Richtung Stirnmitte gleiten lassen, fühlen Sie vielleicht kleine Unebenheiten Ihrer Haut. Stellen Sie sich vor, wie angenehme Wärme über Ihre Stirn streicht und für eine glatte Fläche sorgt.

Nachdem Sie dieses Gefühl reichlich genossen haben, widmen Sie sich den Augen, die auf Entspannung warten. Die Augenlider sollten wie Schmetterlingsflügel weich und sanft geschlossen sein und sich kaum berühren. Die oberen Augenlider sind ebenso entspannt wie die unteren. Sobald Sie dies erreichen, sind die Augäpfel die nächste Station. Stellen Sie sich vor, wie ihre runde Form wohl aussehen mag. Meistens denken wir nur an die von außen sichtbaren Teilflächen. Gehen Sie in Gedanken um die Augäpfel herum. Empfinden Sie gleichzeitig ihr Volumen und Gewicht. Augen sind viel schwerer, als man meint. Auch werden sie von Muskeln umgeben, damit sie sich von links nach rechts, von oben nach unten drehen und ausrichten können.

Streichen Sie in Gedanken über die ganze Oberfläche der Augen. Entspannen Sie alle Muskeln. Richten Sie Ihren Blick leicht nach unten. Wenn Sie sich mit dieser Vorstellung angefreundet haben, richten Sie Ihre Aufmerksamkeit langsam in Richtung Nase und Nasenflügel. Spüren Sie beide Nasenflügel. Beobachten Sie deren Bewegung beim Ein- und Ausatmen.

Unsere Wangen bedecken fast das ganze Gesicht. Vom Nasenflügel aus streichen sie über die Wangenknochen. Freuen Sie sich über das Erlebnis von lockeren, weichen Wangen. Unser Rundweg hat uns nun zum Schluss in die Nähe des Mundes gebracht. Spüren Sie noch einmal die Lippen und wenden Sie sich dann dem Raum der Mundhöhle bewusst zu. Er ist durch Kiefer und Gaumen begrenzt. Lenken Sie nun Ihr Bewusstsein zur Zunge und ihrer Wurzel tief hinten im Mund. Lassen Sie Ihre gesamte Zunge ganz flach werden, so als läge sie wie eine Scholle auf dem Sand des Meeresbodens. Sie soll sich rund und geschmeidig anfühlen, überall warm und weich. Manchmal beginnt gerade in diesem Augenblick der Speichel zu fließen.

Der Rundgang ist zu Ende. Sie können die Runde natürlich nochmals drehen. Gehen Sie in Gedanken die einzelnen Stationen ab. Verweilen Sie an den Orten, die vielleicht noch nicht so entspannt sind, wie Sie es sich wünschen. Bleiben Sie danach noch eine Weile in Ihrer Position. Genießen Sie die Gesichtsentspannung, die sich mehr und mehr über den ganzen Körper ausdehnen wird.

(Nach einer bekannten Yoga-Übung)

Viele sehnen sich nach Entspannung, Ruhe und Muße. Übungen können helfen, sich dem anzunähern. Aber es gibt einen *Gegenspieler*, der modern daherkommt und der es uns erschwert, wahrhaft gelassen zu werden – zu wissen, wann Aktivität angesagt ist und wann es darauf ankommt, etwas sein zu lassen. Dieser Gegenspieler ist die beschriebene Falle des gehetzten Zeitsparers: das Streben, immer noch mehr aus der Zeit herausholen zu wollen.

Wer sich dadurch permanent unter Druck setzen lässt oder gar sich selbst ständig stresst, für den können Entspannungsübungen und Wellnessangebote zwar kleine Nischen, Zeitinseln der Erholung sein. Diese unterliegen aber ihrerseits dem Kalkül der Opportunitätskosten der Zeit, sich möglichst effizient zu erholen. Für derartige Opfer des Zeitsparens gibt es eine radikalere, tiefer gehende Kur: *Langeweile*. Beginnen Sie beispielsweise zur Einstimmung mit Oskar Pastiors konkreter Poesie »Lange Weile – kurzer Punkt« (Pastior 1995). Nehmen Sie sich gerade dann eine längere Auszeit, wenn Sie meinen, besonders unter Druck zu stehen, und lernen Sie die Langeweile in ihrer klassischen Form, der sprichwörtlich gewordenen »Oblomowerei« der gehobenen Langeweile russischer Landadliger als Sinnbild einer untergegangenen Epoche kennen (Gontscharow 2008). Anschließend sind Sie bereit für die Langeweile-Übung.

Literaturtipp: Eine Einführung in das Thema »Zeitinseln« finden Sie einschließlich einer Übung in Hatzelmann/Held (2005, S. 212 ff.).

Übung 30: Keine Angst vor Langeweile *(Erfahrungen)*

Kennen Sie diese Erfahrung von sich selbst oder aus Ihrem Umfeld? Jemand nimmt sich erstmals vor, in den Wochen der Fastenzeit vor Ostern auf etwas zu verzichten, zum Beispiel keinerlei Fleisch und Wurst zu essen. Unabhängig von möglichen religiösen Motiven kann dies zu einer Erfahrung über eigene Abhängigkeiten führen, die bisher nicht bewusst war. Öfter wird über die folgende Erfahrung berichtet. Zum ersten Mal seit vielen Jahren erlebt man beim Fasten Hungergefühle. Zuvor hatte man nach der Uhr und den Gewohnheiten gegessen. Aus diesem Gefühl, Hunger zu spüren und damit Essen als etwas Existenzielles und Besonderes zu erleben, kann die Erfahrung erwachsen, dass man das Essen nach der Fastenzeit mehr als zuvor genießen kann.

Übertragen wir das auf unser Thema: Lassen Sie bewusst einmal Raum für Langeweile. Wählen sie eine geeignete Möglichkeit aus, etwa eine Bahnfahrt am Wochenende in einer ansonsten verdichteten Zeit. Nehmen Sie sich nichts vor, nehmen Sie nichts zum Lesen oder Hören mit, und seien Sie einfach offen dafür, was sich dann ereignet. Überlegen Sie sich anschließend:

- Welche Erfahrungen haben Sie gemacht? War Ihnen unangenehm langweilig? Oder empfanden Sie es eher als eine angenehme, lange Weile? Eine schöne Erfahrung, erfüllte Zeit?
- Erlebten Sie Unvorhergesehenes und Ungeplantes?
- War es eine eher turbulente Zeit, mit Aktivitäten und Erlebnissen, die durch andere angestoßen wurden oder sich so ergaben?
- Können Sie sich vorstellen, dass Ihnen das gelegentlich guttun würde?
- Man muss Zeit nicht vertreiben. Vielmehr kann sich etwas in der Zeit ereignen.

ZEITENJONGLEURIN

Wechselnde Situationen verlangen unterschiedliche zeitliche Anforderungen. In einem Moment kann aufmerksames Beobachten gefordert sein, im nächsten Moment kommt es dagegen darauf an, schnell auf Herausforderungen zu reagieren. Manche Aufgaben sind nach Plan zu erledigen – andere mit äußerster Flexibilität und Offenheit.

> Am Vormittag sind bei der Arbeit häufig zeitverdichtet Aufgaben zu erledigen. Wegen dringender Telefonate oder noch zu erledigenden E-Mails kommt sie mittags gehetzt im Kindergarten an. Das Kind, das sie abholen will, lebt dort jedoch in einer völlig »anderen Zeit«. Gelassenheit ist angesagt, Lob für irgendein Kunststück oder das Eingehen auf irgendwelche Spiele. Ungeduld wird mit Zeitverzögerung geahndet. Wenn sie das Kind zu stark drängelt, aus welchen Gründen auch immer, dauert es meistens noch länger.

Es gilt, die Balance zu finden zwischen den Welten mit ihren unterschiedlichen zeitlichen Aufgaben und Anforderungen.

Für das Ausbalancieren kann uns das Bild der Zeitenjongleurin dienen: sich einlassen können auf die verschiedenen Anforderungen und mit diesen zu jonglieren. Und da, wo es zu viel wird, Übergänge schaffen, mit denen wir von der einen Welt in die andere kommen können, von der Schnelligkeit zur Ruhe, vom konzentrierten Aufgehen im Augenblick zum Beschleunigen.

Tagsüber am Arbeitsplatz in eine straffe Zeitordnung eingespannt zu sein und anschließend beim Besuch im Pflegeheim in eine völlig andere Welt nahe der »Zeitlosigkeit« einzutauchen erfordert: Tätigkeits-Gelassenheits-Balance. In der Wirtschaftskrise gilt es, aktuell zu überleben und zugleich für die Zukunft gerüstet zu sein: Tagesgeschäft-Weitblick-Balance (Klier 2009).

Übung 31: Zum rechten und linken Umgang mit den Zeiten *(Jonglieren)*

Jonglieren ist eine gute Grundübung für Zeitkompetenz. Ohne Erfahrung ist dies nicht so leicht. Mit Jongliertüchern oder auch anderen Tüchern (beispielsweise Schals oder Geschirrtüchern) können Sie das Jonglieren jedoch auch ohne Vorerfahrungen erlernen. Da Tücher mehr Zeit zum Fallen brauchen als Bälle, haben Sie von Anfang an ein größeres Erfolgserlebnis. Wenn Ihnen das Jonglieren mit Tüchern Spaß macht, können Sie die Erfahrungen und die grundlegende Technik später auf das Jonglieren mit Bällen oder Keulen übertragen. Zunächst zu den Tüchern. Sie brauchen drei – optimalerweise – verschiedenfarbige Tücher.

Erster Schritt
Nehmen Sie ein Tuch und werfen Sie es mit der rechten oder linken Hand nach oben etwas über Ihre Kopfhöhe in die andere Richtung. Wenn es heruntergesunken ist, können Sie es etwa auf Brusthöhe mit der anderen Hand auffangen.

Bitte machen Sie diese einfache Übung so lange, bis Sie den Rhythmus spüren: Hochwerfen und mit der anderen Hand auffangen. Dabei zeigen die Handinnenflächen immer nach unten und die Beine stehen etwa schulterbreit auseinander. Die Ellenbogen sind in einer bequemen, natürlichen Haltung.

Zweiter Schritt
Nun kommt das zweite Tuch dazu. Bestimmen Sie in Gedanken zwei Punkte. Es sind imaginäre Punkte, die Ihnen beim Hochwerfen der Tücher helfen können. Um sie zu finden, strecken Sie die Arme leicht gebeugt nach oben – als würde Ihnen jemand wie in einem Westernfilm »Hände hoch« zurufen. Wenn Sie die Hände dann noch ungefähr 25 Zentimeter von Ihrem Körper wegstrecken, haben Sie die beiden Punkte gefunden. Sie nehmen nun ein Tuch in die linke und ein Tuch in die rechte Hand. Werfen Sie mit der rechten Hand das Tuch zum linken Punkt diagonal hinüber. Wenn das Tuch dort anfängt zu sinken, werfen Sie mit der linken Hand das andere Tuch zum rechten Punkt. Schließlich sinken beide Tücher nach unten und Sie können sie gut auffangen. Sie haben jetzt das Tuch der linken Hand in der rechten und umgekehrt. Üben Sie bitte auch diesen Schritt so lange, bis er Ihnen geläufig ist. Entwickeln Sie einen Rhythmus und zählen Sie auf 1 und 2.

Dritter Schritt
Bitte fahren Sie erst fort, wenn die bisherigen Abläufe in Fleisch und Blut übergegangen sind. Erst dann wird der dritte Schritt leicht und elegant. Sie nehmen in jede Hand ein Tuch. Das dritte Tuch nehmen Sie mit Ihrer vertrauteren Hand (links oder rechts) zwischen Daumen und Zeigefinger.

Nehmen wir an, dass die beiden Tücher in der rechten Hand sind. Sie werfen eines der beiden Tücher als Erstes nach links zum imaginären Punkt. Wenn das Tuch zu sinken beginnt, werfen Sie das Tuch der anderen Hand zum gegenüberliegenden Punkt nach rechts oben. Nun kommt zum Schluss noch das zweite Tuch der ersten Hand. Wie immer werfen Sie es in die Gegenrichtung nach links oben. Sie können wieder zählen und damit Ihren Rhythmus entwickeln. Am Anfang empfiehlt es sich, die Tücher nur so lange zu werfen, wie Sie die Bewegung kontrollieren können. Am Anfang ist dies vielleicht fünf- bis sechsmal. Üben Sie mit kurzen Sequenzen weiter, atmen Sie dabei regelmäßig und machen Sie Pausen. Achten Sie darauf, was Ihnen leicht beziehungsweise schwer fällt:

- das Synchronisieren von visuellen Eindrücken mit Körperbewegungen (Hand-Augen-Koordination),
- die Gleichzeitigkeit mehrerer Bewegungsabläufe,
- der Umgang mit anfänglichen Erfolgen oder Misserfolgen,
- der Sprung von zwei auf drei Tücher,
- das Stehenbleiben an einem Platz (am Anfang empfiehlt es sich, die Übungen vor einer Wand zu machen; dies verhindert das »Umherwandern«).

Fundstück: »Sehnsucht nach der Langsamkeit: Seit 200 Jahren gelten die Ruhelosen mehr als die Müßigen. Aber wer Wachstum und Fortschritt huldigt, schmälert die Lebensqualität.« (Andrea Neuhaus, Welt Online 31.10.2009)

ZEITVIELFALT

Fundstück: »Good Monsieur Charles: what's the new news at the new Court?« (William Shakespeare, As you like it, 1994, 1. Akt, 1. Szene; Original 1599/1600)

Das Hohelied der Aktualität, das vom Übergang des 16. zum 17. Jahrhundert stammt, klingt heute aktueller denn je. Durch die technischen Möglichkeiten verstärkt sich weltweit ein vereinheitlichender Aktualitätsdruck. Medien und deren Vernetzung tragen zu einem sich immer mehr beschleunigenden Austausch unterschiedlicher Zeitkulturen bei. Die Globalisierung begünstigt die weltweite Ausbreitung einer *einheitlichen Vielfalt unterschiedlicher Zeitkulturen*. Beispielsweise gibt es überall gleichförmige Fast-Food-Anbieter und eine ähnlicher werdende Mischung ethnischen Essens in allen Metropolen. Was einerseits eine Zunahme an zeitlicher Vielfalt mit sich bringt, läuft andererseits auf eine Angleichung der überall ähnlicher werdenden Mischungen hinaus.

> **Farbenvielfalt.** Stellen Sie sich eine Farbscheibe mit den Grundfarben und vielen Zwischentönen vor. Wenn Sie diese ganz langsam zu drehen beginnen, gibt dies einen bunten Eindruck. Bei zunehmender Beschleunigung der Drehgeschwindigkeit kippt dies irgendwann um. Die Farben beginnen ineinander zu verschwimmen. Es wirkt nunmehr wie ein grau-braunes Gemisch. Vergleichbar ist der Effekt, wenn Sie ein Bild mit Wasserfarben zunächst farblich nuanciert abwechslungsreich gestalten. Dies kann die Farben gut zur Geltung bringen. Wenn Sie immer noch mehr Farben übereinander auftragen, beginnt sich das irgendwann so zu vermischen und zu überdecken, dass ein graues Farbgemisch entsteht. *(Dieses Beispiel verdanken wir Margarita Holzbauer, München.)*

Übertragen wir diese Erkenntnis auf die Mischung und Vielfalt von Zeitkulturen: Wenn wir die unterschiedlichen Bedingungen achten (etwa Klima, Jahreszeiten, Topografie, Essenskulturen und unterschiedliche religiöse Gewohnheiten), wird sich kulturelle Zeitvielfalt weiterentwickeln. Ohne Beachtung der lokalen und regionalen Kontexte besteht dagegen eine Tendenz zu einer vereinheitlichten Mischung der Zeitkultur.

> **Ein Beispiel**: Unterschiede der Feiertage verschiedener Religionen werden nur dann weiterhin von Bedeutung sein, wenn Christen den Sonntag, Ju-

den den Sabbat und Muslime den Freitag tatsächlich als ihren Feiertag leben. Wenn jeder Tag gleich ist wie der andere, verblasst die rhythmische Ordnung der Woche. Dann überleben Feiertage nur noch als folkloristische Dekoration. Der Montag wird wie der Sonntag.

Zeitkompetenz heißt zum einen, entsprechende Unterschiede der Zeitkulturen sowie deren Differenzierungen zu verstehen. Dies ist in unserer multikulturell geprägten Gesellschaft etwa im Zusammenleben mit muslimischen Mitbürgern auch ganz praktisch bedeutsam. Diese werden in ihrem Alltag und ihren Festzeiten durch den Mondkalender geprägt. Wenn man dies bei uns und als Besucher der betreffenden Länder respektiert, kann man beispielsweise leichter mit den besonderen Gegebenheiten des Ramadan umgehen.

Zeitkompetenz heißt zum anderen, eine *angemessene Zeitvielfalt zu kultivieren*. Bestehende Unterschiede in den Zeitkulturen, sollten nicht nivelliert werden. Die Unterschiedlichkeit etwa der Chronotypen ist im Zusammenleben zu fördern, und deren Produktivität ist zu nutzen. Das Motto »Alle sollen möglichst beschleunigt flexibel sein« widerspricht dem. Der Versuch, dieses Motto umzusetzen, beispielsweise durch den *»Termin auf Zuruf«*, führt zu einem hohen zusätzlichen Zeitaufwand für permanente Umorganisation.

Bei der Kultivierung von Zeitvielfalt geht es also nicht darum, möglichst große temporale Vielfalt zu fördern. Dies würde irgendwann in Beliebigkeit umschlagen. Vielmehr geht es um ein angemessenes Maß an Vielfalt, das die jeweiligen Situationen und Aufgaben berücksichtigt. Die flexible Ordnung der Rhythmen und deren Vielfalt kann dabei als guter Kompass dienen (vertiefend Baeriswyl 2000; Geißler 2004a, 2010; Geißler/Kümmerer/Sabelis 2006).

Fundstück: »Das, was man gestern gemacht hat, ist dasselbe wie das, was man vor 20 Tagen erledigt hat. Irgendwann ist einem nicht mehr bewusst, ob man das einmal, fünfmal oder zwanzigmal gemacht hat. [...] Man verliert das Gefühl für die Zeit. Man sieht zwar im Wochenplan, ob nun Sonntag oder Montag ist, aber man hat bald kein Bewusstsein mehr dafür, ob es März oder Mai, Winter oder Sommer ist.« (Oliver Knickel, Teilnehmer Marsmission-Langzeit-Isolierexperiment, in: Saum-Aldehoff 2010, S. 47)

Folgerungen für die Zeitkompetenz

- Zeitkompetent zu sein bedeutet Verabschiedung von der eindimensionalen Zeitvorstellung, wie sie durch die Vorstellung von Zeit = Uhrenzeit und die Physik uns beigebracht wurde. Verabschieden Sie sich von der Vorstellung der Einzahl der Zeit und machen Sie sich die Zeiten im Plural zu eigen.
- Beachten Sie eigene Eigenrhythmen und Eigengeschwindigkeiten ebenso wie die anderer Menschen (Zeitempathie).
- Seien Sie offen für andere Zeitqualitäten wie den rechten Augenblick (Kairos).
- Üben Sie angemessene Aufmerksamkeit und Präsenz.
- Lernen Sie, wann es darauf ankommt, zeiteffizient zu agieren, und wann es gilt, in anderen Situationen entspannt und gelassen zu sein.
- Zeitengemäß ist es, die Vielfalt der Zeiten anzuerkennen und deren Produktivität zu nutzen – für sich persönlich, in Projektteams, Abteilungen und Betrieben.

Zeitkompetenz pflegen

8-TAGE-WOCHE

> **8-Tage-Woche.** Es war einmal ein Wunschmann. Der wünschte sich einen zusätzlichen, achten Tag in der Woche. »Du, hör mal her«, sagte er zur Frau Realistin, als er diese in der Stadt traf. »Ich komme mit meiner Zeit nicht mehr klar. Es wäre sehr schön, wenn die Woche einen Tag länger wäre. Dann käme ich mit all dem hin, was ich zu erledigen habe.« »Wenn ich so etwas schon höre«, antwortete Frau Realistin. »Wie soll denn so etwas gehen? Die Woche ist seit alters sieben Tage lang. Das kann man nicht ändern.« »Das weiß ich auch«, erwiderte der Wunschmann, »aber dann hätte ich meine Zeitprobleme los.« »Na, und wie soll dann der achte Tag heißen? Da gibt es ja gar keinen Namen dafür.« »Ach, wenn's nur das wäre«, antwortete der Wunschmann. »Das ist ganz einfach: Monday, Tuesday, Wednesday, Thursday, Friday, Saturday, Sunday, Funday. Kommt echt gut an, da bin ich mir ganz sicher.« *(Martin Held, Dezember 2002)*

Was würde passieren, wenn die Woche um einen Tag länger würde, wie es im alten Beatles-Song »Eight days a week« vorausschauend hieß? Vermutlich würden viele Menschen zunächst mit der gewonnenen Zeit alles das erledigen, wozu sie bisher nicht beziehungsweise nur unter starkem Zeitdruck kamen.

Würde dieser neue Zustand lange anhalten? Die Antwort fällt nicht schwer, denn tatsächlich erleben wir ja heute etwas Vergleichbares: Wir leben im Schnitt länger, und wir haben viele »Zeitspargeräte«. Dennoch erleben wir in aller Regel nicht weniger Hetze und weniger Zeitdruck. Nach einigen Wochen der neuen 8-Tage-Woche wären wir wieder ganz im alten Fahrwasser der Zeitkompressionslogik. In dieser gilt:

Je mehr Zeit wir durch »Zeitsparen« haben, umso mehr Zeit haben wir zu wenig.

ZEITMANAGEMENT UND ZEITKOMPETENZ

Zeitmanagement liefert wichtige Handwerkszeuge zur Strukturierung der Zeit: flexible Planung, Prioritätensetzung und richtiges Timing. Je nach Aufgabenstellung, Planungstyp und so weiter kann man sich aus dem Methodenkasten bedienen und dies für sich in entsprechende Routinen einbauen. Uhren- und Kalenderkundigkeit sind Grundlagen, die je nach Erfordernissen, aber auch dem persönlichen Interesse an den Zeiten vertieft werden können.

Das Handwerkszeug des Zeitmanagements ist das eine: Es fokussiert auf *Zeitquantitäten* und geht von den *Zeitproblemen* aus: Beschleunigung, Zeitdruck und Gehetztsein. Zeitkompetenz ist mehr: Es bezieht die *Zeitqualitäten* mit ein und blickt auf die *temporalen Potenziale*.

Zeitkompetente achten auf die vorgegebenen Zeitanforderungen ebenso wie auf zeitliche Gestaltungsspielräume. Wissen über Zeiten kann dafür hilfreich sein. Es geht jedoch um Wissen, das nicht isoliert für sich steht, sondern einerseits handlungsbezogen und erfahrungsverankert ist sowie andererseits emotional und motivational in der Person verankert ist. Wir sollten uns die Zeiten zu eigen machen, sie mit unserer Persönlichkeit verbinden und sie leben.

Zeitkompetenz wird nicht durch einmalige Aktionen erworben, sie muss geübt und gepflegt werden. Dazu fanden Sie im Buch vielfältige Übungen. Dabei gibt es nicht die eine optimale »Mastermethode«. Finden Sie für sich selbst heraus, welche für Sie besonders hilfreich sind und wo Sie Ihre temporalen Potenziale weiterentwickeln wollen und können.

Wissen, Fähigkeiten und Fertigkeiten, Erfahrungen und soziale Kompetenz sind Voraussetzungen dafür, gut mit den Zeiten umgehen zu können. Bei der Zeitkompetenz kommt noch etwas anderes, Entscheidendes hinzu: Freude an den Zeiten kann erwachsen, wenn wir nicht gegen die Zeiten ankämpfen, sondern sie wertschätzen. Kämpfen Sie daher nicht gegen die Zeiten an und vermeiden Sie, diese ständig kontrollieren zu wollen. Entwickeln Sie zu bestimmten Zeitformen, Rhythmen, Geschwindigkeiten und Ritualen Zuneigung. Die Voraussetzung hierfür ist eine *neue Grundhaltung* zu den Zeiten und ein Grundverständnis ihrer Vielfalt. Entscheiden Sie sich für den Zeitkompetenzansatz, so erweitern Sie Ihre Gestaltungsspielräume und gewinnen eine höhere Lebensqualität.

Wer etwa in Wartesituationen nicht sofort gestresst reagiert, sondern damit entspannt umgehen kann, ist anschließend motivierter und leistungsfähiger. Es ist also eine Grundhaltung vorteilhaft, die nicht auf perfekte Planbarkeit abstellt, sondern sich auf die Zeiten einlassen kann. Somit kann Wartezeit zu einer geschenkten Zeit werden.

Die durch die Rhythmen vermittelte flexible Ordnung ist den heutigen Herausforderungen gemäßer als die Orientierung an der Kontrollierbarkeit der Zeit.

Übung 32: Souverän mit Zeiten umgehen *(Regeln)*

Im Beruf, in der Schule, in Familie und Freizeit werden unterschiedliche zeitliche Anforderungen an uns gestellt. Wir sind temporal sehr verschieden und lösen diese Anforderungen deshalb auch auf unterschiedliche Weise. Fragen Sie sich daher:

- Passen Begabungen und Zeitkompetenz zu den wichtigen Anforderungen?
- Welche Ihrer Zeitkompetenzen können Sie weiterentwickeln?
- Wie sieht Ihr individueller Weg aus?

Die folgenden Zeitkompetenz-Regeln unterstützen Sie auf der Suche nach persönlichen Antworten. Lesen Sie in einem **ersten Durchgang** die Regeln einschließlich der Erläuterungen durch. Nehmen Sie sich dann in einem **zweiten Durchgang** genügend Zeit für jede Regel oder bilden Sie Schwerpunkte. Beantworten Sie die oben gestellten Fragen. Leiten Sie klar umsetzbare, praktische Folgerungen für Ihren Umgang mit den Zeiten ab. Sie können die Umsetzungswahrscheinlichkeit erhöhen, wenn Sie diese Ideen schriftlich ausformulieren. Möglicherweise ergibt sich dabei eine veränderte Formulierung der Regel für Sie oder Sie entdecken für sich ein neues Zeitmotto.

Wenn Sie eine Regel als besonders hilfreich erleben, können Sie diese gerne vertiefen. Vielleicht haben Sie die Gewohnheit, derartigen Fragen bei Spaziergängen nachzusinnen. Oder Sie bevorzugen es, dazu ein eigenes, ausdifferenziertes Mindmap – angereichert mit Bildern und Symbolen – zu entwerfen.

Zeitkompetenz-Grundregeln
1. Übergreifend: Üben Sie den **souveränen Umgang** mit den Zeiten.
2. Nutzen Sie die flexible Ordnung der **Rhythmen**.
3. Leben Sie Ihre **Eigenzeiten** und stimmen Sie diese mit den Eigenzeiten anderer ab (**Zeitempathie**).
4. Gleichen Sie die bei Ihren Aufgaben geforderte **Schnelligkeit** beziehungsweise **Langsamkeit** mit Ihren Fähigkeiten ab.
5. Stimmen Sie die modernen Möglichkeiten der **Gleichzeitigkeit** mit Ihren Potenzialen ab.
6. Achten Sie auf das **Timing** von Prozessen und nutzen Sie dies klug für Ihre Planung.
7. Seien Sie offen für den **rechten Augenblick** und üben Sie die Konzentration auf das Hier und Jetzt.
8. Lassen Sie sich auf die **unterschiedlichen Zeitqualitäten** und die für Sie relevanten Zeitformen ein.
9. Beachten Sie die **kulturelle Vielfalt** im Umgang mit den Zeiten.
10. Übergreifend: Nutzen Sie Ihre Zeitkompetenz zur Steigerung Ihres **Zeitwohlstands**.

Erläuterungen zu den Grundregeln
Zu 1.: Souveräner Umgang mit den Zeiten heißt, eine Balance zu finden zwischen von außen kommenden Zeitvorgaben und den eigenen zeitlichen Gestaltungsspielräumen. Dahinter steht die grundlegende Kompetenz, nicht die Zeiten möglichst umfassend und »perfekt« kontrollieren zu wollen oder dagegen anzukämpfen, sondern sich die Zeiten zu eigen zu machen.

Zu 2.: Rhythmen liegen voll in dem heute angesagten Grundtrend: Ordnung und Planbarkeit mit Flexibilität und Offenheit für Neues zu kombinieren. Es gilt, sich dies auf allen Ebenen nutzbar zu machen.

Zu 3.: Eigenzeiten umfassen die ganze Vielfalt der unterschiedlichen Zeitdimensionen (beispielsweise Eigengeschwindigkeiten, Chronotypen). Die Beachtung der Eigenzeiten darf nicht zu Eigenzeit-Egozentrismus führen, sondern es beinhaltet auch die Beachtung und Abstimmung mit den Zeiten der anderen (Zeitempathie).

Zu 4.: Je nach Aufgabe und Situation sind unterschiedliche Geschwindigkeiten gefordert. Das kann in einem Fall Beschleunigung und im anderen Fall gekonntes Abbremsen bedeuten. Es geht darum, die Anforderungen mit den eigenen zeitlichen Möglichkeiten und Interessen abzugleichen.

Zu 5.: Moderne Techniken eröffnen weitreichende Möglichkeiten der ständigen Erreichbarkeit. Daher müssen wir lernen, klare Prioritäten zu setzen. Insbesondere geht es darum, welche Techniken wir auswählen und wo unsere persönlichen Belastungsgrenzen der Gleichzeitigkeit liegen.

Zu 6.: Planungskonzepte, die von beliebiger Kontrollierbarkeit und Steuerbarkeit von Zeiten ausgehen, erfordern oft einen übermäßigen, ineffizienten Zeitaufwand aufgrund permanenter Zeitabstimmung. Klüger ist es, sich die Regelmäßigkeit von Abläufen für die Planung nutzbar zu machen.

Zu 7.: Schnelligkeit, Pausenlosigkeit und Gleichzeitigkeit erschweren die Wahrnehmung günstiger Gelegenheiten. In vielen Situationen kommt es darauf an, ganz bei einer Sache sein zu können. Konzentriert und präsent zu sein ist besonders in der beschleunigten Gleichzeitigkeitswelt elementar.

Zu 8.: Die Uhren-Kalender-Welt begünstigt das Missverständnis, dass alle Zeiteinheiten gleich wären, und zwar unabhängig vom Timing, von der spezifischen Zeitdauer und deren Abfolge. Gerade deshalb ist das Verständnis für die unterschiedliche Qualität von Zeiten grundlegend.

Zu 9.: Bei aller Standardisierung von Zeiten differenziert sich der Umgang mit Zeiten und deren Bewertung kulturell fortlaufend neu aus. Dies ist etwa an einer veränderten Sichtweise der Pünktlichkeit und geforderten Flexibilität gut sichtbar.

Zu 10.: Zeitkompetenz dient dazu, Zeitdruck und Stress zu reduzieren. Zugleich ebnet sie den Weg zu mehr Zeitwohlstand. Es kommt darauf an, sein persönliches Konzept von Zeitwohlstand zu entwickeln.

Der Tutzinger Ansatz zur Zeitkompetenz empfiehlt eine Grundhaltung, die von der Vielfalt der Rhythmen und deren flexibler Ordnung ausgeht und davon geprägt ist.

ZEITKOMPETENZ UND ZEITWOHLSTAND

Tipp: Eine Übung zum Zeitwohlstand finden Sie in Hatzelmann/Held (2005, S. 221) zusammen mit einer Einführung in die Thematik.

Zeitkompetenz ist angesagt, um mit den Zeiten klug und effizient umgehen zu können: Planung und Flexibilität, Schnelligkeit und Langsamkeit. Sie sind besonders gefordert zu erkennen, was situativ angemessen ist. Zeitkompetenz kann helfen, der »Falle des gehetzten Zeitsparers« zu entgehen, der jede gewonnene Zeit sogleich mit anderen Aktivitäten voll packt.

Der Tutzinger Ansatz zur Zeitkompetenz ebnet den Weg zum Zeitwohlstand. Dieser bedeutet unter anderem, für Aktivitäten angemessen Zeit zu haben, weder permanent extrem unter Zeitdruck zu stehen noch dauernd zu viel Zeit zu haben. Ein anderer Aspekt von Zeitwohlstand ist es, selbst über die Zeit bestimmen zu können (Zeitsouveränität).

Die Zeit gewinnt dabei, über ihren rein materiellen Nutzen hinausgehend, einen *Eigenwert*. Was sind die Lebensziele und Werte? Welcher Wert ist den Zeiten zuzumessen? Wird dem Zeitwohlstand bewusst ein hoher Stellenwert beigemessen? Was will man dafür tun und was will man auf der anderen Seite dafür lassen?

Zur Beantwortung dieser Fragen ist eine bewusste Auseinandersetzung mit den Zeiten hilfreich. Erkenntnisse über Rhythmen, Eigenzeiten und Zeitvielfalt können auf dieser Werteebene mit zur Orientierung dienen. Der Tutzinger Ansatz betont die aktuelle Aufgabe, aus der Fülle der weiter rasch zunehmenden Optionen klug auswählen zu können und Burn-out zu verhindern.

Fundstück: »›Adieu‹, sagte der Fuchs. ›Hier mein Geheimnis. Es ist ganz einfach: Man sieht nur mit dem Herzen gut. Das Wesentliche ist für die Augen unsichtbar.‹ ›Das Wesentliche ist für die Augen unsichtbar‹, wiederholte der kleine Prinz, um es sich zu merken. ›Die Zeit, die du für deine Rose verloren hast, sie macht deine Rose so wichtig.‹« (Antoine de Saint-Exupéry: Der Kleine Prinz, 2000)

Wir wünschen Ihnen, dass Sie aus der Fülle der Zeiten die Ihnen gemäßen Zugänge finden und Sie Ihre Zeitkompetenz ausbauen können. Wir wünschen Ihnen, dass Sie die Zeiten für sich gewinnen können. Frei nach Prediger Salomo 3:

»Alles hat seine Zeit und alles braucht seine Zeit.«

DANK

Besonders freuen wir uns über die Zusammenarbeit mit Erik Liebermann (Steingaden), der die Karikaturen beisteuerte. Sehr herzlich danken wir Barbara Adam (Cardiff), Karlheinz A. Geißler, Klaus Kümmerer (Freiburg) und Manuel Schneider (München) vom langjährigen Team des Tutzinger Projekts »Ökologie der Zeit« für die gute Zusammenarbeit und Freundschaft.

Darüber hinaus danken wir vielen anderen aus dem Umfeld der Tutzinger Zeitakademien, die zu Freundinnen und Freunden wurden. Besonders genannt seien Sabine Hofmeister (Lüneburg) und Ida Sabelis (Amsterdam). Darüber hinausgehend danken wir sehr vielen im weiteren Umfeld, die uns ebenso wertvolle Anregungen gaben. In das Buch gingen viele Ideen und persönliche Erfahrungen von Teilnehmerinnen und Teilnehmern der Tutzinger Zeitakademien und Zeitseminare in Firmen ein.

Wir danken Ingeborg Sachsenmeier (Weinheim) vom Beltz Verlag für die Betreuung des Buchs sehr herzlich, die zum guten Gelingen des Werks beigetragen hat.

Frühjahr 2010
Elmar Hatzelmann, München und Martin Held, Tutzing

> »**Nimm dir Zeit**
> Nimm dir Zeit zu arbeiten – das ist der Preis des Erfolges.
> Nimm dir Zeit zu denken – das ist die Quelle der Macht.
> Nimm dir Zeit zu spielen – das ist das Geheimnis der ewigen Jugend.
> Nimm dir Zeit zu lesen – das ist die Grundlage der Weisheit.
> Nimm dir Zeit, freundlich zu sein – das ist der Weg zum Glück.
> Nimm dir Zeit zu träumen – sie bewegt dein Gefährt zu einem Stern.
> Nimm dir Zeit, zu lieben und geliebt zu werden – das ist das Vorrecht der Götter.
> Nimm dir Zeit, dich umzusehen – der Tag ist zu kurz, um selbstsüchtig zu sein.
> Nimm dir Zeit zu lachen – das ist die Musik der Seele.«
> *(Alte irische Segenswünsche, Multhaupt 1995)*

DIE AUTOREN UND DER ILLUSTRATOR

Elmar Hatzelmann, Jg. 1956, Wirtschaftspsychologe, Pädagoge (M.A.), Dr. rer. pol., selbstständiger Trainer für Kommunikation, Kreativität, Zeit-/Selbstmanagement sowie Teamentwicklung in der Industrie, Einzelberatungspraxis in München; Gründer Institut für Zeitkompetenz
Homepage: www.hatzelmann.de / www.zeitkompetenz.de

Martin Held, Jg. 1950, Diplom-Ökonom, Dr. rer. pol., Studienleiter an der Evangelischen Akademie Tutzing für Wirtschaft und nachhaltige Entwicklung. Zusammen mit Karlheinz A. Geißler Initiator des Tutzinger Projekts »Ökologie der Zeit«. Mitgründer Institut für Zeitkompetenz
Homepage: www.ev-akademie-tutzing.de

Erik Liebermann, Jg. 1942, Absolvent der Ulmer Hochschule für Gestaltung. Ihm lief ein Typ mit Mantel und Glupschaugen über den Zeichentisch, und der wurde so anhänglich, dass er seit 1975 als Cartoonist arbeitet.
Homepage: www.liebermann-cartoons.de

LITERATUR

Ein ausführlicheres Literaturverzeichnis finden Sie unter www.beltz.de

ADAM, Barbara: *Time*. Polity Press, Cambridge/Oxford 2004.

ADAM, Barbara: *Das Diktat der Uhren. Zeitformen, Zeitkonflikte, Zeitperspektiven*. Suhrkamp, Frankfurt am Main 2005.

ADAM, Barbara/GEISSLER, Karlheinz A./Held, Martin (Hrsg.): *Die Nonstop-Gesellschaft und ihr Preis. Vom Zeitmissbrauch zur Zeitkultur*. Hirzel, Stuttgart/Leipzig 1998.

ALLEN, David: *Wie ich die Dinge geregelt kriege: Selbstmanagement für den Alltag*. Piper, München 2007.

ANDREAS, Connirae/ANDREAS, Tamara: *Der Weg zur inneren Quelle*. Junfermann, Paderborn [3]2008.

AUGUSTINUS, Aurelius: *Bekenntnisse*. Philipp Reclam jun., Stuttgart 1989 (Original etwa 400 n. Chr.).

BAERISWYL, Michel: *Chillout – Wege in eine neue Zeitkultur*. dtv, München 2000.

BORSCHEID, Peter: *Das Tempo-Virus*. Campus, Frankfurt am Main/New York 2004.

CHRISTEN, Thomas: *Das Ende im Spielfilm. Vom klassischen Hollywood zu Antonionis offenen Formen*. Schüren, Marburg 2002.

COLBORN, Theo/DUMANSKI, Dianne/MEYERS, John Peterson: *Our Stolen Future. Are we Threatening our Fertility, Intelligence, and Survival?* Plume, New York 1996.

COREN, Stanley: *Die unausgeschlafene Gesellschaft*. Rowohlt, Reinbek 1999.

COVEY, Sean: *Die 7 Wege zur Effektivität für Jugendliche: Ein Wegweiser für mehr Erfolg*. Gabal, Offenbach 2007.

COVEY, Stephen R.: *Die sieben Wege zur Effektivität*. Campus, Frankfurt am Main/New York [4]1994.

COVEY, Stephen R./MERRILL, A. Roger/MERRILL, Rebecca R.: *Der Weg zum Wesentlichen. Zeitmanagement der vierten Generation*. Campus, Frankfurt am Main/ New York [4]2001.

DOHRN-VAN ROSSUM, Gerhard: *Die Geschichte der Stunde. Uhren und moderne Zeitordnungen*. Anaconda, Köln 2007.

DUNCAN, David Ewing: *Der Kalender. Auf der Suche nach der richtigen Zeit*. Heyne, München 1999.

ECKERT, Hartwig: *Sprechen Sie noch oder werden Sie schon verstanden? Persönlichkeitsentwicklung durch Kommunikation*. Ernst Reinhardt, München/Basel 2010 (mit CD).

ENDE, Michael: *Momo oder Die seltsame Geschichte von den Zeit-Dieben und von dem Kind, das den Menschen die gestohlene Zeit zurückbrachte. Ein Märchen-Roman*. Thienemann, Stuttgart/Wien [47]2005 (Original 1973).

ERIKSEN, Thomas H.: *Die Tyrannei des Augenblicks. Die Balance finden zwischen Schnelligkeit und Langsamkeit*. Herder, Freiburg 2002.

FELDENKRAIS, Moshe: *Bewusstheit durch Bewegung – Der aufrechte Gang*. Suhrkamp, Frankfurt am Main 1996 (Original 1968).

FERRISS, Timothy: *Die 4-Stunden-Woche: Mehr Zeit, mehr Geld, mehr Leben*. Econ, Berlin 2008.

GABBANI-HEDMAN, Sonja: *Zeitvorstellungen in Japan. Reflexion über den universalen Zeitbegriff*. Deutscher Universitätsverlag, Wiesbaden 2006.

GEISSLER, Karlheinz A.: *Der Simultant*. Psychologie heute, November, 2002a, S. 30–35.

GEISSLER, Karlheinz A.: *A Culture of Temporal Diversity*. Time & Society 11 (1), 2002b, S. 131–140.

GEISSLER, Karlheinz A.: *Wart' mal schnell. Minima temporalia*. Hirzel, Stuttgart [2]2004a.

GEISSLER, Karlheinz A.: *Anfangssituationen. Was man tun und besser lassen sollte*. Beltz, Weinheim und Basel [10]2004b.

GEISSLER, Karlheinz A.: *Schlußsituationen. Die Suche nach dem guten Ende*. Beltz, Weinheim und Basel [4]2004c.

Geissler, Karlheinz A.: *Lob der Pause*. Warum unproduktive Zeiten ein Gewinn sind. Deutscher Universitäts-Verlag, Wiesbaden 2006. oekom, München 2010.

Geissler, Karlheinz A./Kümmerer, Klaus/Sabelis, Ida: *Zeitvielfalt*. Wider das Diktat der Uhr. Hirzel, Stuttgart 2006.

Gleick, James: *Schneller! Eine Gesellschaft auf der Suche nach der verlorenen Zeit*. DVA, München 2001.

Gontscharow, Iwan: *Oblomow*. dtv, München ^{14}2008 (Original 1859).

Grober, Ulrich: *Vom Wandern*. Neue Wege zu einer alten Kunst. Frankfurt, Zweitausendeins 2006.

Gronemeyer, Marianne: *Das Leben als letzte Gelegenheit*. Sicherheitsbedürfnisse und Zeitknappheit. Wissenschaftliche Buchgesellschaft, Darmstadt ^{3}2009.

Gutberlet, Bernd Ingmar: *Der Maya-Kalender*. Die Wahrheit über das größte Rätsel einer Hochkultur. Ehrenwirt, Bergisch Gladbach 2009.

Hall, Edward T.: *The Dance of Life*. The Other Dimension of Time. Anchor Books, New York u. a. 1983.

Hanna, Thomas: *Beweglich sein, ein Leben lang*. Die heilsame Wirkung körperlicher Bewusstheit. Junfermann, Paderborn 2000.

Hatzelmann, Elmar: *Stress abbauen*. Der einfache Weg zu mehr Gelassenheit und Lebensfreude. Humboldt, Baden-Baden 2006.

Hatzelmann, Elmar/Held, Martin: *Zeitkompetenz: Die Zeit für sich gewinnen*. Übungen und Anregungen für den Weg zum Zeitwohlstand. Beltz, Weinheim und Basel 2005.

Haubl, Rolf/Voss, G. Günter: *Psychosoziale Kosten turbulenter Veränderungen*. Arbeit und Leben in Organisationen 2008. Positionen Beiträge zur Beratung in der Arbeitswelt, Heft 1_2009, S. 1–8.

Hecht-El Minshawi, Beatrice: *Interkulturelle Kompetenz*. Soft Skills für die internationale Zusammenarbeit. Beltz, Weinheim und Basel ^{2}2008.

Held, Martin: *Zeit nehmen für Zeitformen*. In: Thedorff, Andreas (Hrsg.): Schon so spät? Zeit. Lehren. Lernen. Hirzel, Stuttgart 2004, S. 330–343.

Held, Martin/Geissler, Karlheinz A. (Hrsg.): *Von Rhythmen und Eigenzeiten*. Perspektiven einer Ökologie der Zeit. Hirzel, Stuttgart 1995.

Held, Martin/Geissler, Karlheinz A. (Hrsg.): *Ökologie der Zeit*. Vom Finden der rechten Zeitmaße. Hirzel, Stuttgart ^{2}2000.

Hildebrandt, Gunter/Moser, Maximilian/Lehofer, Michael: *Chronobiologie und Chronomedizin*. Biologische Rhythmen, medizinische Konsequenzen. Hippokrates, Stuttgart 1998.

Hochschild, Arlie Russell: *Work-Life-Balance*. Keine Zeit – Wenn die Firma zum Zuhause wird und zu Hause nur Arbeit wartet. VS Verlag für Sozialwissenschaften, Wiesbaden ^{2}2006.

Hofstede, Geert: *Culture's Consequences: Comparing Values, Behaviours, Institutions and Organizations Across Nations*. Sage, Thousand Oaks u. a. ^{2}2001 (Original 1980).

Honoré, Jean-Carl: *Slow Life*. Neue Kreativität und Lebensqualität durch die Verwirklichung von Eigenzeit. Riemann, München 2004.

Huber, Andreas/Fuchs, Helmut: *Gesund durch kluges Timing*. Mit der Chronobiologie zu einem körperbewussten Lebensrhythmus. Hugendubel, Kreuzlingen/München 2002.

Imhof, Margarete: *Zuhörkompetenz – ein kognitives Zuhörmodell*. In: Bayerische Landeszentrale für politische Bildungsarbeit/Bayerischer Rundfunk/Evangelische Akademie Tutzing (Hrsg.): Hör' mal schnell – Zeiten der Aufmerksamkeit. Bayerische Landeszentrale für politische Bildungsarbeit, München 2008, S. 54–71 (mit CD).

Johnstone, Keith: *Theaterspiele*. Alexander Verlag, Berlin 1998.

Kabat-Zinn, Jon: *Im Alltag Ruhe finden*. Das umfassende praktische Meditationsprogramm. Herder, Freiburg 2001.

Kauffeld, Simone/Grote, Sven/Frieling, Ekkehard: *Handbuch Kompetenzentwicklung*. Schaeffer-Poeschel, Stuttgart 2009.

Kjellrup, Mariann: *Eutonie*. Bewusst mit dem Körper leben. Haug, Stuttgart ^{2}2006.

Klatt, Fritz: *Die schöpferische Pause*. Eugen Diederichs, Jena 1923.

Klein, Olaf Georg: *Zeit als Lebenskunst*. Wagenbach, Berlin ^{3}2007.

Klein, Stefan: *Zeit: Der Stoff, aus dem das Leben ist*. Eine Gebrauchsanleitung. Fischer, Frankfurt 2008.

Klier, Alexander: *Betriebliche Synchronie*. Über das komplexe Zusammenspiel der Zeitformen Dauer, Warten und Pause in betrieblichen Organisationen. Tectum, Marburg 2007.

KLIER, Alexander: *Personalentwicklung in der Krise.* Konstruktiv und gemeinsam aus Krisensituationen. Personal-Entwickeln, 135. Deutscher Wirtschaftsdienst, Ergänzungs-Lieferung. Dez. 2009, 3.19.

KOEHLER, Gus: *Policy Windows (»Zeitfenster«).* In: Heitkötter, Martina/Schneider, Manuel (Hrsg.): Zeitpolitisches Glossar. Grundbegriffe, Felder, Instrumente, Strategien. Tutzinger Materialie Nr. 90, Evangelische Akademie Tutzing ²2008, S. 75–76.

KRUSCHE, Dietrich: *Haiku.* Japanische Gedichte. dtv, München 1994.

KÜSTENMACHER, Werner, T./SEIWERT, Lothar: *Simplify your Life: Einfacher und glücklicher leben.* Droemer, München 2008.

LEMMER, Björn: *Chronopharmakologie.* Tagesrhythmen und Arzneimittelwirkung. Wissenschaftliche Verlagsgesellschaft, Stuttgart ³2004.

LEVINE, Robert: *Eine Landkarte der Zeit.* Wie Kulturen mit Zeit umgehen. Piper, München ¹⁵2009.

LEVINE, Stephen: *Noch ein Jahr zu leben.* Wie wir dieses Jahr leben können, als wäre es unser letztes. rororo, Reinbek 1999.

LINDER, Staffan B.: *Das Linder-Axiom oder Warum wir keine Zeit mehr haben.* Bertelsmann, Gütersloh 1971.

MASEMANN, Sandra/MESSER, Barbara: *Improvisation und Storytelling in Seminar und Unterricht.* Beltz, Weinheim und Basel 2009.

MAYR, Albert: *Die Gesprächsrunde.* The music of times and tides. Florenz: (mp)x2 Verlag 1992 [zu beziehen über: timedesign@technet.it].

MECKEL, Miriam: *Das Glück der Unerreichbarkeit: Wege aus der Kommunikationsfalle.* Murmann, Hamburg 2007.

MORGENSTERN, Christian: *Palmströms Uhr u. a. Gedichte.* In: Ders.: Gesammelte Werke in einem Band. Piper, München/Zürich ⁷2001.

MÜCKENBERGER, Ulrich/MARJANEN, Katja/SAAL, Annegret: *Zeitpolitik und Lebensqualität.* Edition Sigma, Berlin 2010.

MULTHAUPT, Hermann: *Möge der Wind immer in deinem Rücken sein.* Alte irische Segenswünsche. Bergmoser + Höller, Aachen ¹⁵1995.

NADOLNY, Sten: *Die Entdeckung der Langsamkeit.* Roman. Piper, München/Zürich ⁴⁴2009 (Original 1983).

NIKLEWSKI, Günter/RIECKE-NIKLEWSKI: *Depressionen überwinden: Niemals aufgeben!* Stiftung Warentest, Berlin ⁴2009.

NUSSBAUM, Cordula: *Organisieren Sie noch oder leben Sie schon? Zeitmanagement für kreative Chaoten.* Campus, Frankfurt 2008.

PASTIOR, Oskar: *Lange Weile – kurzer Punkt.* In: Held, Martin/Geißler, Karlheinz A. (Hrsg.): Von Rhythmen und Eigenzeiten. Hirzel, Stuttgart 1995, S. 67–79.

PÖPPEL, Ernst: *Der Rahmen.* Ein Blick des Gehirns auf unser Ich. Hanser, München 2008.

REHEIS, Fritz: *Entschleunigung.* Abschied vom Turbokapitalismus. Riemann, München 2003.

REHEIS, Fritz: *Die Kreativität der Langsamkeit.* Neuer Wohlstand durch Entschleunigung. Wissenschaftliche Buchgesellschaft, Darmstadt 2008.

REINECK, Uwe/SAMBETH, Ulrich/WINKLHOFER, Andreas: *Handbuch Führungskompetenzen trainieren.* Beltz, Weinheim/Basel 2009.

REINHARD, Rebekka: *Die Sinn-Diät: Warum wir schon alles haben, was wir brauchen – Philosophische Rezepte für ein erfülltes Leben.* Ludwig Buchverlag, München 2009.

RIFKIN, Jeremy: *Die empathische Zivilisation.* Wege zu einem globalen Bewusstsein. Campus, Frankfurt am Main 2010.

ROENNEBERG, Till/MERROW, Martha: *Die innere Uhr.* Aus Politik und Zeitgeschichte, Beilage zur Wochenzeitung Das Parlament B 31/99, 30. Juli 1999, S. 11–17.

ROENNEBERG, Till/MERROW, Martha: *Life between Clocks: Daily Temporal Patterns of Human Chronotypes.* Journal of Biological Rhythms, Volume 18 (1), 2003, S. 80–90.

ROLUS, Tania: *In Balance: Karriere, Familie, Freizeit.* Mehr Erfolg mit Work-Life-Balance. Beltz, Weinheim/Basel/Berlin 2003.

ROSA, Hartmut: *Beschleunigung.* Die Veränderung der Zeitstrukturen in der Moderne. Suhrkamp, Frankfurt 2005.

ROTH, Gabrielle: *Leben ist Bewegung.* Fünf radikale Wege zur Selbstbefreiung. Heyne Millenium, München 2001.

SABELIS, Ida H.J.: *Time Regimes – Power and Synchronization in Organizations.* KronoScope 8.2, 2008, S. 125–130.

SAINT-EXUPÉRY, Antoine de: *Der Kleine Prinz.* Karl-Rauch, Düsseldorf 2000.

SAUM-ALDEHOFF, Thomas: *Mars 500: Die virtuelle Überfahrt.* Psychologie Heute, Januar 2010, S. 44–49.

SCHILLING, Elisabeth: *Die Zukunft der Zeit.* Vergleich von Zeitvorstellungen in Russland und Deutschland im Zeichen der Globalisierung. Shaker, Aachen 2005.

SCHINDLER, Jörg/HELD, Martin/unter Mitarbeit von WÜRDEMANN, Gerd: *Postfossile Mobilität. Wegweiser für die Zeit nach dem Peak Oil.* VAS, Bad Homburg 2009.

SCHIRRMACHER, Frank: *Payback: Warum wir im Informationszeitalter gezwungen sind zu tun, was wir nicht tun wollen, und wie wir die Kontrolle über unser Denken zurückgewinnen.* Blessing, München 2009.

SCHMIDBAUER, Wolfgang: *Dranbleiben – die gelassene Art, Ziele zu erreichen.* Herder, Freiburg/Basel/Wien ²2002.

SCHNEIDER, Manuel: *Den Engeln gleich. Zur Metaphysik der Medien.* In: Schneider, Manuel/Geißler, Karlheinz A. (Hrsg.): Flimmernde Zeiten. Hirzel, Stuttgart/Leipzig 1999, S. 31–46.

SCHNEIDER, Manuel/GEISSLER, Karlheinz A. (Hrsg.): *Flimmernde Zeiten.* Vom Tempo der Medien. Hirzel, Stuttgart/Leipzig 1999.

SEIWERT, Lothar: *Mehr Zeit für das Wesentliche.* Redline Wirtschaft, München ²⁰2002a.

SEIWERT, Lothar: *Das Bumerang-Prinzip.* Mehr Zeit fürs Glück. Gräfe und Unzer, München 2002b.

SEIWERT, Lothar: *30 Minuten Zeitmanagement mit iPhone.* Gabal Verlag, Offenbach 2009.

SHAKESPEARE, William: *As you like it.* London, Penguin Popular Classics 1994 (Orig. 1599/1600).

STAPFERHAUS LENZBURG (Hrsg.): *nonstop.* Ein Lese- und Hörbuch über die Geschwindigkeit des Lebens. Hier + jetzt, Baden 2009.

STEFFNY, Herbert: *Das große Laufbuch: Vom richtigen Einstieg bis zum Marathon: Alles, was man übers Laufen wissen muss.* Südwest Verlag, München 2009.

TENZER, Eva: *Permanent online: Wie die neuen Medien das Leben verändern.* Psychologie Heute, Januar 2010, S. 32–36.

THEUNISSEN, Michael: *Pindar. Menschenlos und Wende der Zeit. Zweites Buch: Chronos und Kairos.* Beck, München 2000.

VLCEK, Radim: *Workshop Improvisationstheater.* Auer, Donauwörth 2000.

WALLACE, B. Alan: *Die Achtsamkeitsrevolution. Aktivieren Sie die Kraft der Konzentration.* O.W. Barth, Frankfurt 2008.

WESTLUND, Ingrid: *Kinderzeiten – Zeitdisziplin und Nonstop-Gesellschaft aus der Sicht der Kinder.* In: Adam, Barbara/Geißler, Karlheinz A./Held, Martin (Hrsg.): Die Nonstop-Gesellschaft und ihr Preis. Hirzel, Stuttgart/Leipzig 1998, S. 93–106.

WISEMAN, Richard: *Wie Sie in 60 Sekunden Ihr Leben verändern.* Fischer, Frankfurt 2010.

ZEMACH-BERSIN, David/ZEMACH-BERSIN, Kaethe/REESE, Mark: *Gesundheit und Beweglichkeit.* Kösel, München 2001.

ZENTRALAMT FÜR UNTERRICHTSWESEN: Rahmenlehrpläne und Standards für den grundbildenden Unterricht an finnischen Schulen (Perusopetus). Edita Prima Oy, Helsinki 2004.

ZIMBARDO, Philip G./BOYD, John: *Die neue Psychologie der Zeit und wie sie Ihr Leben verändern wird.* Spektrum Akademischer Verlag, Heidelberg 2009.

ZULLEY, Jürgen/KNAB, Barbara: *Die kleine Schlafschule.* Herder, Freiburg ²2003.

ZULLEY, Jürgen/KNAB, Barbara: *Unsere Innere Uhr.* Natürliche Rhythmen nutzen und der Non-Stop-Belastung entgehen. Mabuse, Frankfurt 2009.